AF299328

APPEL

AUX HOMMES LOYAUX ET SENSÉS.

Les hommes commençant à sentir leur force, cherchent à s'approprier les avantages de la société : ce qui fait entre eux un état de guerre.

(Esprit des Lois, liv. 1, chap. 3).

La main bienfaisante du Roi doit sans cesse s'étendre, afin de tempérer, autant qu'il est possible, le joug impérieux de la propriété et de la richesse.

(Necker, Compte-rendu, p. 70).

PARIS,

A. PIHAN DE LA FOREST,

Imprimeur, rue des Noyers, 37.

——

1838.

Un malade à peu près désespéré, le peuple, en ses douleurs aiguës, tâte de divers médecins, tente de régimes opposés.

Et qu'on n'aille pas croire, ni que l'amour l'attache à tel ou tel docteur, ni qu'il porte foi en telle et telle ordonnance.

Il tâte, il tente : c'est tout.

S'il se trouve bien de l'essai, à la bonne heure.

S'il s'en trouve mal, malheur alors.

Malheur à qui excita ses haines et alluma ses fureurs, à qui le berça, le leurra de promesses.

Ainsi les rois s'en vont, ainsi viennent les chambres.

Les rois s'en vont. La faute est à leurs ministres, qui se font de la force en idée, de la faiblesse en réalité, à l'envi mésusant du pouvoir et méprisant les droits.

Les chambres s'en iront. La faute sera aux députés qui se comportent à la façon des ministres, de même mésusant, méprisant et de plus se méconnaissant eux-mêmes.

Qu'on s'endorme ! La foudre veille.

Le sommeil aussi empêcha d'entendre ces paroles si pénibles à répéter :

« Hasard, accident, occasion marquent l'époque, règlent le mode : et c'en est fait ! » (*Un autre ministre*, 1827.)

C'est que tout compte, tout pèse.

C'est que les torts, les délits, un à un presqu'imperceptibles, ne manquent pas à s'allier, à s'agglomérer, venant ainsi à faire masse. (*Memorandum* 1832.)

de la Gervaisais.

Rien ne s'opère rationnellement : jamais il n'y a exposition des faits, discussion des motifs, solution des débats.

Dans les questions de parti, loin que l'opinion enfante la volonté, c'est la volonté qui crée l'opinion. La thèse est donnée à l'avance : il n'importe qu'elle s'accorde ou non avec la pensée ; de même elle est soutenue par la plume et par la parole.

Hors de ces questions, la pauvreté d'esprit, la lâcheté de caractère décident la marche. Sous leur abri, ce qui se fait depuis long-temps, passe pour être bien fait : ce qui a été dit et redit maintes fois, est tenu pour être bien dit.

Ainsi, quant à l'impôt, certes l'instinct et même le sentiment se révoltent contre telle et telle charge. Par eux, il est fait un appel occulte à la raison, à la justice qui n'y répondent pas ; tellement que les taxes du vieux temps, bien que tous les élémens aient changé et que les principes remplacent les préjugés, demeurent les mêmes.

Ainsi quant à la dette, depuis quinze ans que son sort est en débat, à force de répéter que le remboursement au pair est de plein droit, cette idée a tourné en un axiôme, lequel se trouve d'autant plus irréfragable, qu'il n'est fondé à l'origine, et n'a été appuyé par la suite sur aucune raison.

Et poussant plus loin, dès-lors que le remboursement est reconnu licite, au moyen du paiement intégral du capital, il est établi par une conséquence à rebours, que la réduction forcée est licite aussi, dans l'impuissance absolue du remboursement réel.

Le rachat de la dette qui fut utile à l'aurore du crédit et est nuisible lors de son apogée, se voit consacré à ce point que l'outil est conservé , alors que la matière manque à son emploi.

Et de même que pour le remboursement, par cela que l'amortissement est impossible à effectuer, le devoir et le droit s'ensuivent de percevoir les rentrées affectées, de les enfouir dans les caisses en façon de trésor, ou de les transporter sur les livres, sous un autre titre.

De là , les finances restent assises sur deux projets en l'air.

Le premier qui ne sera pas exécuté en la crainte d'aliéner les esprits, d'amener des crises, et dont le coup menaçant de frapper d'un instant à l'autre, arrête l'essor naturel du crédit.

Le second qui n'est pas plus exécuté en sa fin et, par grand malheur, qui est exécuté en ses moyens, de sorte à enlever, à arracher aux existences les plus laborieuses, à prendre sur leur pain quotidien, un tribut annuel de 70 millions et plus , dont l'emploi laissé libre eût jeté des valeurs progressives.

Or, quand tout reste en projet, rien n'entre en progrès. Les bases manquent au présent, les chances troublent dans l'avenir. L'appréhension amène la stagnation.

C'est qu'au lieu de saisir la question de pleine face et dans son ensemble, on la prend toujours comme de profil, et tantôt sous une face, tantôt sous une autre, de façon à ne pouvoir obtenir sa vraie solution.

Les intrigues de la banque qui entend très bien son affaire, et les plaintes de la province qui ne comprend rien à ses intérêts, par hasard se trouvant d'accord, influent uniquement sur les esprits, tandis que sous le rapport de la morale et de la politique, il n'y avait à considérer que les droits des rentiers et les besoins des contribuables.

L'amortissement est conservé, dit-on, par égard pour les rentiers, qui n'en font nul état, attendu qu'ils ne vendent point leurs rentes ; et par contre le remboursement ou la conversion, ou la réduction est imposée avec cette perte infiniment sensible d'un cinquième ou d'un dixième du revenu.

Puis la réduction est conçue au profit des contribuables, dont le bénéfice se bornera à dix ou vingt millions, suivant qu'elle aura lieu au dixième ou au cinquième ; et par contre l'amortissement demeure à leur charge avec un sacrifice annuel de 70 millions nets, de 80 millions bruts.

Pourtant ce serait chose facile de contenter à la fois les rentiers et les contribuables, d'élever en même temps le crédit de l'État et la richesse du pays.

Pour le présent, en supprimant le fonds d'amortissement, on dégrève les misérables, on augmente la production et la consommation.

En renonçant au remboursement, on rend le calme aux habitans de Paris, on porte le 5 au cours de 120.

En constituant la rente à titre d'immeuble fictif, on y attache les rentiers, on y appelle la province.

En convertissant le 3 pour 100 en 5 pour 100 au cours de 80, on détruit l'agiotage, on renvoie les capitaux à l'industrie.

Pour l'avenir, en commutant la rente à l'amiable, en annuités à terme fixe, on assure la libération de l'Etat en 75 ou 100 années.

En contractant désormais les emprunts avec un fonds d'extinction à 15 ou 20 ans, on prévient l'augmentation de la dette.

De plus, en laissant le grand livre ouvert aux placemens volontaires, on acquiert des fonds pour subvenir aux frais de la commutation, ou pour alléger temporairement les impôts les plus durs.

Tout est là : et ce sont de ces choses auxquelles apparemment il n'y a rien à dire, puisque depuis cinq ou six ans qu'il en est parlé, nulle réponse encore ne s'est fait entendre.

(Voir le Règlement de la dette 1834, de la Rente actuelle 1835, Plan de finances de bon sens et de bonne foi 1836, écrits qui ont été distribués aux chambres.)

SUBSIDES. — SERVICES.

On ne veut pas, on ne sait pas lire : l'œil ne voit pas ; l'oreille seule entend. L'entrée des esprits est ouverte aux sons de la parole, qui portent un sens toujours clair, bien que souvent faux ; et elle est close devant les traits de la plume dont l'entente requiert du temps, de la peine pour la saisir.

Qu'il n'ait pas été jeté un coup d'œil sur les écrits d'un homme bien famé de caractère, mais peu renommé de talent, cela se conçoit. Mais comment en a-t-il été de même pour la brochure intitulée : *Du subside* (1833)? où sont exposés les principes en fait d'impôts de Montesquieu et Necker, de Smith et Sismondi.

Peut-être l'a-t-on lu, mais certes on ne l'a pas entendu, car il n'en est résulté aucun effet à l'égard des lois bursales ; lesquelles, au lieu d'avancer sur la ligne du progrès, tiennent plutôt une marche rétrograde en raison du mouvement accéléré des temps.

Le principe unanime de ces hommes célèbres consistait en ce que la chose, et non pas la personne, devait être taxée, et surtout la chose agréable, ensuite la chose utile, et jamais la chose nécessaire.

(MONTESQUIEU.) La taxe était juste. Si elle ne suivait pas la proportion des biens, elle suivait la proportion des besoins.....

On jugea que le nécessaire physique ne devait point être taxé, que l'utile devait être taxé, mais moins que le superflu.

(NECKER). Distributeur des impôts, l'Etat a des moyens pour adoucir le sort du peuple......

En répartissant mieux les impôts, l'Etat s'oppose par des moyens justes à l'inégalité des fortunes.

(SMITH). Ceux qui considèrent le sang du peuple comme d'aucun prix, peuvent approuver les taxes sur les nécessités..... Les taxes de capitation et sur les nécessités, en cessant d'être arbitraires, deviennent extrêmement inégales.

(SISMONDI). Le nécessaire doit être laissé aux travailleurs, qui sont le capital vivant de la nation..... La puissance reproductive, *c'est la vie :* si la vie est atteinte, il s'anéantit un capital nécessaire pour mettre en valeur le capital circulant.

Voilà comment sont proscrits par Montesquieu l'aristocrate et Necker le démocrate, par Smith, qui ne considère l'homme qu'en vue de la société, et Sismondi, qui ne considère la société qu'en vue de l'homme, savoir :

Les tarifs fixes, qui jouent du millième au dixième entre le riche et le pauvre.

Les droits fixes sur les boissons du peuple, qui sont aggravés en proportion de la misère.

Les ports de lettres, qui interceptent les communications parmi les classes peu aisées.

Les portes et fenêtres, qui contraignent à se priver de l'air et du jour.

L'impôt mobilier et personnel, qui dîme sur l'insuffisance de la vie.

La taxe du sel, qui pèse surtout dans les campagnes, et frappe en raison inverse des moyens.

Desquelles taxes, les neuf dixièmes pour l'impôt personnel et l'impôt du sel, les quatre cinquièmes pour les portes et fenêtres et les boissons communes, sont acquittées par l'immense majorité en nombre, par l'immense minorité en fortune de la population française !

Et les mêmes écrivains, sauf Montesquieu, dont l'opinion

est assez manifeste sur ce point, indiquent les moyens de remplacement dans l'élévation de l'impôt sur la propriété immobilière, à raison de ses rentrées annuelles et par suite de ses mutations à titre gratuit.

(NECKER.) L'ignorance et l'imprévoyance des propriétaires est le principal obstacle à l'augmentation de l'impôt foncier.

(SMITH.) L'opposition de l'intérêt privé empêche seule l'abolition de la taille et de la capitation au moyen de l'accroissement des vingtièmes.

(SISMONDI.) L'impôt foncier fait participer le fisc au revenu du propriétaire, et n'affecte en général que ce revenu.

A l'égard des services, il y a seulement à dire qu'ils ne sont pas assez rétribués, et pour que les hommes y restent honnêtes, et pour que les hommes habiles s'y destinent.

Ils peuvent être désignés ainsi :

Services pour le maintien des contrats : liste de la couronne, dotation du clergé, retraites civiles et militaires, dette nationale, etc.

Services pour l'entretien de la justice et de la force : judicature, administration, armée et places fortes, marine et ports, etc.

Services au soutien de l'existence morale et physique : instruction publique, beaux-arts et belles-lettres, secours publics, hôpitaux et prisons, fonds de dégrèvement, etc.

Services au soutien de la richesse nationale : encouragemens, routes et canaux, douanes, etc.

Lesquels services présentent le signe de l'état actuel de la sociabilité, présentent la cause des progrès subséquens de la civilisation, et pour peu qu'ils soient bien entendus, ne manquent pas à rapporter au bout de l'an, le capital au denier dix et vingt et trente du prix coutant (1).

L'économie sociale est plutôt satisfaite par l'accomplissement de tout service moteur, ou garant de l'action productive, que par l'abolition d'aucun subside justement assis et facilement perçu.

Le subside consacré aux services est un bien, puisqu'il porte les garanties de la société; il n'est point un mal, pourvu qu'il ne nuise ni au maintien, ni au progrès du travail.

Ainsi ne l'entendent pas et l'esprit d'épargne du père de famille, et le sentiment de la gêne des peuples, et la manie d'opposition ou la rage de subversion, et par-dessus tout le vain amour de la popularité.

Tellement que depuis 15 ans, aucune chambre n'a manqué de travailler le budget, de retrancher ou transposer des chiffres. Il semble qu'à chaque session ce soit le bouquet obligé.

D'où il advient que les services sont négligés et les rentrées compromises, que les mérites sont méconnus et les

(1) Les retraites se rallient aux services.

Rien n'excitera le zèle des employés, comme d'être délivrés de la crainte mortelle de laisser après eux leur famille dans la misère, et il y a fort peu à espérer que sur leurs modiques appointemens ils opèrent quelque réserve annuelle, et c'est à peine s'il faut apprécier les ressources du fonds actuel des retraites.

Tel est le sentiment conjugal et paternel, par cela même animé encore ou ranimé enfin, qu'il leur plairait de recevoir une moindre somme par an, à condition que leurs femmes et leurs enfans jusqu'à un certain âge, jouiraient d'une pension, pour peu qu'eux-mêmes eussent accompli 15 ou 20 années de service.

Et le trésor bénéficierait, en attribuant à ceux-ci le double et le triple de l'épargne effectuée sur le mari et le père, attendu que pendant le temps plus ou moins long du service, l'épargne s'élève au double, ou au triple, au moyen de l'intérêt composé.

promesses trahies ; et cela pour le plus mince bénéfice.

Les vœux se dirigent vers la noble économie ; les efforts
n'aboutissent qu'à la sordide épargne. Harpagon sert de
modèle, au lieu de Sully et de Colbert.

CHEMINS DE FER. — COLONIES.

Autant on se resserre dans les prélèvemens sur le revenu, autant on se relâche dans les imputations sur le capital. Là règne l'esprit de sotte lésinerie, ici l'esprit de folle profusion.

Tantôt on se comporte en façon de femme de ménage : tantôt on se considère au titre d'élu, de représentant de la grande nation ; on se tient comme ne faisant qu'un avec elle.

De là, quant à l'Etat, des bâtisses somptueuses à Paris, avant d'en reconnaître le besoin, d'en déterminer l'usage, et des routes stratégiques dans les contrées rendues à la paix, et des ports démesurés pour un petit nombre de navires.

Et quant aux départemens, des halles de luxe, des salles de spectacle, des hôtels de préfecture et de tribunaux, de fort mauvais goût, des rues de grande dimension, non sans abattre des maisons solides et perdre des promenades précieuses.

Au total, l'emploi des fonds s'élève peut-être à cent millions par an, et s'élèvera à un milliard en dix années, dont l'intérêt de quarante ou cinquante millions grèvera éternellement le pays, et tombera à la charge des existences nécessiteuses qui allaient être allégées de leur fardeau.

A part cela, on ne sait pas encore que ces dépenses sont dans la plus grande partie, de sorte improductive, suivant l'expression de Smith, et constituent ainsi des placemens à fonds perdu.

On ne sait pas que les hommes appliqués à la confection

des ouvrages, sont enlevés au travail créateur de valeurs nouvelles, et que gâtés par les hauts prix, dépravés par le genre de vie, ils perdent leurs habitudes, leurs mœurs, et tournent en mauvais sujets.

Maintenant, et c'est bien pis encore, il s'agit d'enlacer le pays sous un réseau de chemins de fer, comme il s'était agi il y a quinze ans de couvrir le sol d'une ceinture de canaux.

L'expérience la plus coûteuse ne compte en rien. Vainement les quatre cents millions enfouis ne jettent pas un pour cent d'intérêt; vainement, comme il fut dit alors, la moitié des canaux manque d'eau et l'autre moitié de bateaux.

L'épreuve menace d'être renouvelée, apparemment pour servir de leçon à nos neveux, mieux avisés peut-être.

Quatre cents millions aussi ont à être dépensés en chemins de fer, imposant de même un surcroît d'impôts de quinze à vingt millions, et promettant au plus un revenu de quatre millions.

Ainsi, à peu près comme il en était à Rome, Paris restera pour capitale, et les grandes villes pour faubourgs, et le pays entier pour banlieue.

Tel est l'ambitieux projet qui même court grand risque d'avorter, car la vitesse du transport, convoitée par l'industrie fine, sera balancée par les hauts prix; et cette industrie n'équivaut pas au dixième de l'industrie grossière qui généralement est consommée sous un rayon peu étendu.

Quant à l'agriculture, les blés se transportent rarement et les bestiaux se transportent d'eux-mêmes; de sorte qu'il ne reste que les bois, les houilles, les pierres dont les arrivages ne pressent pas et qui s'arrangent mieux des canaux.

Avec les chemins de fer, Paris pour les deux tiers et plus, Rouen, Lille et Strasbourg, Lyon, Marseille et Bordeaux pour l'autre tiers, bénéficieront sans doute; tandis que les petites et moyennes villes se dépeupleront en leur faveur, et que les campagnes traversées n'y trouveront guère que des dommages, des gênes.

Et c'est à de telles fins que la France entière, en ses contrées voisines ou distantes, aura à subir un surcroît d'impôts de quinze à vingt millions.

On rêve le transit dont les profits sont si modiques, d'abord en petit de Strasbourg à Bâle, sans songer que la ligne allemande est aussi courte, est plus frayée, et en grand de Strasbourg au Havre, sans se douter qu'Anvers avec le cours de l'Escaut et du Rhin l'emportera toujours sur le Havre avec son chemin de fer de cent cinquante à deux cents lieues.

En fait de canaux et de chemins de fer, l'intérêt privé, non sans qu'il ne soit trahi souvent par la vanité, est seul apte à juger si telle ligne est avantageuse au commerce et profitable en revenu, comme il est seul habile à confectionner et entretenir les ouvrages avec les moindres frais.

Pour qu'il se mette à l'œuvre, il suffirait de ne l'astreindre qu'à la surveillance et non à la direction, à l'exécution des travaux, et de le laisser libre pour la fixation des tarifs qu'il sera forcé de tenir en rapport du prix des autres voies de transport.

Chez les particuliers, le monopole est nuisible aux consommateurs ; quant à l'Etat, le monopole est nuisible à lui-même surtout.

La manie réglementaire, produit bâtard de la centralisation administrative, est l'antipode du système gouvernemental pris en son vrai sens.

On veut tout faire, justement parce qu'on ne sait rien faire. La vanité se regimbe contre l'impuissance ; et la cupidité voilée sous un semblant de politique, travaille furtivement à lui porter aide.

L'industrie de banque et de fabrique pousse aux chemins de fer, comptant en tirer du profit sans en supporter la charge ; l'industrie de transport et de vente ou le commerce combat contre les colonies, prétendant en garder le bénéfice et leur rejeter le dommage.

Ici, Paris n'est pour rien : les grands ports y sont pour tout ; et leur chorus unanime, trouve dans la chambre du commerce un fidèle écho.

Cette influence l'emporte sur les intérêts, cette fois ralliés, de la métropole et des colonies, dans l'opposition obstinée à ce que les îles jouissent du droit d'exportation directe de leurs sucres.

Quand au contraire cette grace, cette justice plutôt devait être accompagnée de l'abolition du monopole d'importation qui est exercée comme en retour de la faveur accordée par la surtaxe des sucres étrangers.

A ce moyen, il pourrait être convenu dans une transaction équitable, sans abaisser le taux de la taxe sur les sucres coloniaux, de réduire la surtaxe à 10 francs par quintal métrique au-dessus de cette taxe.

D'où il arriverait que les colons se rendraient plus habiles en travail, plus économes en dépenses, afin de concourir avec les autres producteurs ; éloignant ainsi l'époque et adoucissant le coup de leur ruine inévitable.

Du reste, l'industrie n'y perdrait pas en une façon sensible, car ses envois aux colonies sont de mince profit, et d'ailleurs auraient lieu dans les pays étrangers.

Par la même raison, le commerce des ports n'y perdrait pas du tout, au lieu qu'il est menacé de tout perdre par l'extension de culture de la betterave.

Seulement le commerce de mer y perdrait beaucoup, étant assez maladroit pour ne pas se mettre en état de soutenir la rivalité, même avec des primes.

En tous cas, les lois éternelles de l'équité seraient enfin accomplies à l'égard des îles qui méritent d'obtenir quelque compensation; attendu que la production nouvelle des sucres de betterave, change du tout en tout les conditions de leur existence.

Les faveurs même qui ont été prodiguées hors de toute mesure, confèrent un droit, imposent un devoir, en ce que sur la foi des lois, leur fabrication s'est étendue, s'est développée en un degré immense, avec d'énormes déboursés.

En thèse générale et suivant la coutume constante de tous les temps, les colonies passent peu à peu de la servitude à la liberté, de la tutelle à l'émancipation.

Cela advient par la force, comme il a été vu aux États-Unis, comme il sera vu dans le Canada, alors qu'il y a moyen; de là, quand il n'y a moyen, comme dans nos îles, ce serait chose révoltante, au point le plus extrême, de porter en ligne l'impuissance, de retenir dans les fers la faiblesse.

Rien n'importe. On écoute niaisement les plaintes et complaintes du commerce; on les accueille sur son dire, pour des principes, pour des raisons.

Quelques ports crient au point d'étourdir et parfois d'intéresser; ils crient sans qu'il y ait un dommage notable pour leurs intérêts, et seulement parce qu'il faudrait un changement presque insensible dans leurs habitudes, parce qu'il faudrait du soin et de l'art dans les nouvelles combinaisons.

Ils crient haut, et de près, et sans cesse, tandis que les colonies n'émettent que de loin, de temps en temps, des accens de crainte, des soupirs de douleur.

Ainsi va ou plutôt s'en va le monde, périssant à des intervalles plus ou moins distans, par cela que les forts ou les fins se font maîtres et despotes, façonnant à leur guise la justice, avec l'aide de la puissance qui leur échappe un jour ou l'autre et les livre en proie aux vengeances.

D'autant que la puissance vient à faiblir, d'autant que s'annonce le jour des vengeances, à la fois troublés par la menace et par le remords, ils tentent de montrer du cœur qui est perdu, de porter la peur qui ne prend pas; ils tentent de dissimuler sous l'âpreté et la rigidité des mesures, le manque, le néant de force.

Ainsi, ils avancent l'époque fatale et aggravent la subversive chance, au lieu d'ajourner l'une et d'adoucir l'autre, en se pliant aux nécessités du temps.

.Telle est l'histoire de la royauté, des parlemens, de la noblesse avant 1789, du directoire en tout son cours et de l'empire sur sa fin, même de la restauration parfois, et maintenant de l'Europe entière, de l'Angleterre au dehors, de la France au dedans.

ALGER.

A ce sujet, la plume brûle, l'encre bout, tant que le sentiment manque à se traduire en pensée et la pensée à se revêtir de la parole.

On prend Alger pour conquérir une égide au trône, qui le lendemain est frappé de la foudre.

On prend Alger, afin de détruire le nid de pirates peu hardis; en place duquel s'est ouvert le plus vaste champ de massacres, de ravages.

On prend Alger, afin de briser la chaîne de quelques centaines de chrétiens; en échange de laquelle s'est creusée une vaste fosse, à enfouir des milliers de Français, des milliers d'indigènes.

Et on garde Alger, dans la crainte que l'Angleterre ne se vante d'avoir exigé l'abandon; tandis que l'Angleterre étant amie, se rit des folles dépenses, étant ennemie, se réjouirait des pertes sèches.

On garde Alger, comme en l'attente, qu'à l'instar du Paradis Terrestre, le sucre et le café, l'indigo et la cochenille, le poivre et le gingembre, se hâteront de lâcher leurs fruits dans la main.

On garde Alger, dans l'idée de se donner de la gloire; comme si en arrière des temps, il n'était pas advenu assez et trop de gloire, dont les profits sont mis à néant et les sacrifices pèseront à jamais.

Est-ce donc qu'il a été inféodé au gouvernement, est-ce qu'il lui a été concédé en toute propriété, LE SANG DE L'HOMME ?

Faut-il à cause d'Alger, qu'ici le sang du peuple soit appauvri de plus en plus par la pompe aspirante de l'impôt, qui le sèvre de nourriture, le dessèche de fatigue, et que là, le sang de la troupe soit versé à longs flots, tantôt sous le tranchant du sabre, tantôt à la pointe de la lancette?

Faut-il, car enfin l'octroi qui fut fait du sang de l'homme, ne s'étend pas peut-être au-delà des limites de la race française, faut-il que les Arabes, Bédouins, Kabaïles, tous étrangers aux actes de piraterie, soient égorgés par surprise sous leurs tentes, soient balayés de la terre à coups de mitraille?

Ministres, députés, journalistes, tel cœur de roche ou de fange, dont votre être soit doué, vous ne résisteriez pas à l'aspect des cadavres amoncelés, des femmes éplorées, des enfans abandonnés et des demeures incendiées, des moissons dévastées, des sépulcres violés.

Certes, Varsovie, Pologne, détachent ce hideux siècle, de l'ère de la civilisation, et le rejettent au plus loin sous la date des temps de barbarie.

Mais Alger, mais Afrique tranchent plus fortement encore, n'annonçant point de fin, et de plus advenant sans aucun motif, sans aucun résultat.

Ici, la mort en action n'achève rien, n'arrête pas que de son aile de feu, la contrée au large ait été nettoyée d'existences humaines.

Ici, le ridicule s'alliant à l'horreur, les maîtres du pays, les enfans du sol sont traités de rebelles par la plume, et en rebelles par le sabre.

Ici, les tribus entières, hommes, femmes, enfans ont à payer de leur fortune, de leur vie, des actes de vengeance ou de résistance de quelques individus.

Or, rengorgez-vous en votre gloire, renforcez-vous en vos mesures, bénin autocrate : exilez les hommes, enlevez les enfans, affamez les familles, confisquez les biens, détruisez les églises, etc., etc.

Point de scrupule ! la France fait pis.

Autocrate bénin, tenez votre conscience en paix, chassez le trouble de votre âme ; et disposez de la Pologne à votre bon plaisir.

Point de crainte ! la France a mieux à faire.

En ce lieu, tout s'harmonise en mal.

En 1830, l'armée de terre et l'armée de mer, jetées à travers les plus sinistres chances, perdues sans cet amiral *qui met un frein à la fureur des flots*, sans ce Musulman *qui pour sa foi, manque à braver la mort.*

Et des milliers de Français, martyrs d'hôpital plutôt que de combat ; des milliers d'Africains, victimes de massacre plutôt que de guerre.

Et le pays mis à feu et à sang, mode tout nouveau de civilisation, mode très ancien de colonisation.

En 1835, justement le jour de la saint Nicolas, fête de Russie, dit-on, fête de Barbarie plutôt, à l'entrée dans Mascara, les portes au grand ouvertes, à la sortie de Mascara, les flammes éclairant la route.

Praga brûlé, Mascara brûlé, attendent, côte à côte posés, le burin de l'histoire.

Eh ! qu'on rende Alger à Mahmoud, civilisateur aussi de première volée, à coups de canon.

Qu'on rende Alger à quiconque ! Alger, signe funèbre des arrêts de la fatalité, qui consomma la chute d'un trône et menace de la ruine un autre trône !

Que si l'idée de fausse gloire, l'idée de fausse honte sont absolument incurables, qu'on garde les villes d'Alger, de Bone et d'Oran avec une étroite banlieue, qu'on établisse à Constantine un bey indigène ; et qu'ainsi, sans irriter l'orgueil, sans exciter la haine, on se mette en rapport avec les peuplades indigènes, en même temps qu'on institue un rival, un ennemi à Abd-el-Kader.

Jamais de calme en Afrique, sauf que le pays soit changé

en un désert , tant que l'Européen, le Chrétien tentera de soumettre à son joug des peuplades de nature si contrastante, d'habitudes tellement vagabondes.

Point de paix à moins qu'elle soit garantie par l'inimitié entre les chefs indigènes, venant à neutraliser leurs forces respectives.

Depuis huit ans, que de frais en pure perte et du plus précieux sang et de l'argent le plus coûteux, n'avançant point d'un seul pas, et plutôt passant d'embarras en embarras, de périls en périls.

Et tôt ou tard , Maroc, Tunis se mettront de la partie; tôt ou tard il se tramera une conspiration nationale, qu'appellent de plus en plus l'arbitraire du gouvernement de ce pays, l'excès de licence des soldats, l'horreur des actes ou de fraude ou de violence des prétendus colons.

Le mot de l'énigme d'Alger a été dit dans le rapport sur le budget de la guerre de 1834 : au développement de la colonisation agricole, s'attacherait une fatale et détestable nécessité, celle d'expulser ou d'exterminer les indigènes.

APPEL

AUX HOMMES LOYAUX ET SENSÉS.

REMBOURSEMENT, AMORTISSEMENT.

Retirez le fonds d'amortissement en totalité, mais garantissez en même temps que l'agriculture et l'industrie ne soient entravées par aucune taxe. Pour le repos des créanciers, pour le maintien du crédit, c'est la sécurité la mieux fondée, la plus durable.
(Lord LANDSDOWN, mars 1830.)

Je ne puis accorder qu'il soit expédient d'avoir un surplus de recettes, afin d'opérer la réduction de la dette nationale; je pense que l'argent laissé au peuple pour être employé dans l'agriculture et dans l'industrie tend davantage à l'accroissement de la richesse publique.
(Lord GREY, 17 octobre 1831.)

PARIS,

A. PIHAN DE LA FOREST,

Imprimeur, rue des Noyers, 37.

1838.

Qu'on fasse son deuil de l'amortissement : ou du moins qu'on n'im3
mole pas les plus innocentes victimes, à ses insatiables autels :

Que le bien de l'emploi, que le mal du subside soient appréciés,
soient comparés.

Déterminez le subside quelconque, en même temps que l'emploi.

Ne faites de l'un et l'autre acte qu'une pensée ; une pensée, non pas
simple, mais connexe.

Autrement, si rude, si dur qu'il soit, le mot est à dire.

Qu'êtes-vous donc ? Les députés, les délégués du peuple français.

« Les députés sont la pensée du peuple pour les lois,» (M. de Pastoret.)

Et quelle est la pensée du peuple, au moins parmi les dix-neuf vingt-
tièmes, au moins pour les quatre cent trente députés de province, contre
douze députés de Paris.

A l'égard de l'impôt, libération de la classe indigente et allégement
des classes malaisées.

A l'égard de l'amortissement, néant.

Or, vous êtes la pensée du peuple, ou vous n'êtes rien :

En lui, le droit absolu, le devoir relatif.

En vous, le devoir absolu, le droit relatif.

Pour lui, plus de devoir relatif, au mépris de son droit absolu.

Pour vous, plus de droit relatif, au mépris de votre devoir absolu.

Dès-lors, vous n'êtes plus maîtres, et il reste libre : vous commandez
à tort, et il désobéit à raison.

Votre droit transmis, à tel titre, en telle vue, est consommé, consumé.
Son droit natif survit seul.

Qu'importent, et les lois politiques pour qui n'exerce pas de droits ;
et les lois civiles pour qui ne possède pas de biens ; et les lois pénales
pour qui ne commet pas de délits.

Quant au peuple, il n'y a qu'une loi, la loi de l'impôt.

Qu'on vote donc l'impôt enfin : il n'a pas encore été voté, en connaissance de cause : il n'a jamais été voté en raison, par comparaison (1).

Paie, dit la loi. Je ne paie pas, répond le droit.
Qui sera le plus fort ? (*Mémorandum*, 1832.)

(1) Quand vous avez voté les dépenses, pouvez-vous refuser les recettes..... Ne faites donc pas marcher l'un sans l'autre.
(M. Dupin aîné, 19 décembre 1820.)

De 1824 à 1838, nul progrès n'a lieu, nulle lumière ne se fait jour ; et l'expérience ne parle pas et la routine commande. Le grandiose en apparence, le gigantesque en réalité exaltent les esprits ; il faut se faire du crédit pour les temps à venir qui sont fort incertains ; il faut faire des voies de transport pour des produits qui surviendront, dit-on.

Or, de telles prétentions sont entachées, quant aux moyens de les accomplir, de ce vice radical, que la grande majorité de la nation est appelée à subir les charges, tandis que les profits n'adviendront qu'à une très faible minorité.

Il en sera pour les chemins de fer, comme il en était pour les canaux.

Qu'on divise la France en deux portions, au moyen d'une ligne de Marseille au Hâvre, en passant par Paris. La zone de l'est qui ne renferme que le tiers du royaume se voit coupée en tout sens, d'abord par les canaux, puis par les chemins de fer ; tandis que la zone de l'ouest qui contient le reste du pays, ne possède en canaux que ceux de la Bretagne, presque entièrement nuls de transports, ne possèdera en chemins de fer, que celui de Bordeaux et celui de Nantes qui viennent justement au dernier rang dans les projets, attendu que le Hâvre leur ravit tout espoir.

Et cependant ces deux tiers du pays auront à supporter les deux tiers de l'intérêt des dépenses relatives aux chemins de fer, comme aux canaux. Ici, il n'y a que pertes sèches ; ailleurs seront les profits.

De même, quoique sous un autre rapport, quant au rachat de la dette opéré par la manœuvre de l'amortissement, la classe aisée du royaume, dans les suppositions gratuites, ainsi qu'on les présente, sera avantagée, d'une part, par l'élévation du cours des rentes, et de l'autre, par l'abaissement de l'intérêt des prêts ; tandis que le subside appliqué au fonds de l'amortissement, en raison de la dotation et des arrérages de rentes qui s'élève à 72,000,000 nets et à 80 ou 90,000,000 bruts, est perçu sur les classes à la fois les plus nécessiteuses et les plus laborieuses, dont les charges seraient abolies ou allégées, à défaut de cet emploi.

Quant aux chemins de fer, les députés de la zone maltraitée ne s'en rendent pas compte ; et quant à l'amortissement, les députés de la France entière n'aperçoivent pas le vice, ou sont insensibles au dommage.

En ce lieu, il est surtout question du rachat de la dette, auquel se lie la réduction des rentes. Par une combinaison qui tourne de l'odieux au ridicule, l'ambition, à double titre, est de ravir aux contribuables une somme de 80,000,000 et de dérober aux rentiers un revenu de 20,000,000 ou seulement 10,000,000, suivant le projet actuel.

Dérober aux uns, après avoir ravi aux autres ; et ravir à ceux-ci, après avoir dérobé à ceux-là : telle est la marotte en vogue, à l'appui de laquelle les mêmes argumens, tout fautifs qu'ils soient, sont ressuscités de 1824 à 1838.

Encore céci n'a trait qu'à l'iniquité considérée sous le rapport moral. Il faut entendre de plus, sous le rapport politique, que par la réduction on aliène les esprits, et qu'au moyen de la cessation de l'amortissement, on s'attacherait le peuple alors libéré des charges les plus lourdes.

Il faut comprendre que les fonds appliqués au rachat de la dette ne rendent au trésor qu'un intérêt inférieur à 4 p. 100, et que ces fonds laissés aux contribuables jetteraient des valeurs de 10 p. 100 par an, en une façon vivement progressive.

Le présent nourrit l'avenir : si l'un est épuisé, l'autre s'amaigrit. En imposant des subventions à celui-là, ou met à contribution celui-ci.

Même, sitôt que le présent perd un peu, l'avenir perd beaucoup.

L'immense différence entre l'accroissement des produits ou profits accumulés au taux de 10 p. 100, et l'accroissement de l'intérêt composé au taux de 4 pour 100, s'établit ainsi qu'il suit :

Suivant la première loi, la loi du profit des profits à 10 pour 100, la somme de 1,000 fr. s'élève :

Dans dix ans à	2,600 francs.
Dans vingt ans à	6,700
Dans quarante ans à	45,300
Dans soixante ans à	300,000
Dans cent ans à	13,780,000

Et suivant la seconde loi, la loi de l'intérêt des intérêts à 4 pour 100, la somme de 1,000 fr. s'élève seulement

Dans dix ans à	1,48o francs.
Dans vingt ans à	2,2oo
Dans quarante ans à	4,8oo
Dans soixante ans à	1o,5oo
Dans cent ans à	5o,5oo

C'est-à-dire , comme il apparaît dans les tables de Richard Price , qu'à la date de quarante ans, la première loi donne un produit décuple, et chose qu'on ne peut concevoir que d'après le calcul des chiffres, que cette loi donne au terme de cent ans un produit près de trois fois centuple.

D'où on voit à quel point le fonds d'amortissement, soit qu'on l'emploie au rachat, ou qu'on le conserve au trésor , met arrêt à l'accroissement de la richesse nationale, laquelle seule est capable d'élever sans relâche et de fonder à demeure le crédit public.

En conservant le fonds d'amortissement , c'est imposer ou prolonger des taxes ; et ces taxes autrement allégées ou abolies , sont les plus iniques, les plus nuisibles; et la misère ne paie qu'en déduction de la vie ; et le désespoir long-temps comprimé ne manque pas un jour ou l'autre d'éclater avec d'autant plus de furie. ·

D'après la proposition relative à la réduction des rentes , ces considérations ont été jetées sur le papier avec précipitation , car , bien qu'il y ait peu d'espoir qu'elles soient accueillies, encore convient-il de les faire paraître avant la discussion ou du moins la décision.

Une telle proposition sort manifestement de la ligne parlementaire et empiète sur la sphère gouvernementale, de sorte qu'au cas même où elle fût agréée par le pouvoir, il lui faudrait ne pas y condescendre, en la crainte de créer le précédent le plus funeste.

Un acte de cette sorte porterait en Angleterre, et même devant l'opposition, le caractère rallié du scandale et du ridicule.

De plus, et par ce motif même, il est clair que la chambre des pairs ne peut lui accorder sa sanction, si bien qu'aucun résultat effectif n'en peut advenir.

Cependant, et Dieu garde de croire que l'idée en soit venue à l'auteur de la proposition, l'opposition, trop souvent inconsidérée dans ses tentatives et parfois même s'exposant à mettre aux risques la couronne, quand elle n'entend que mettre à bas le ministère, saisit avec avidité et poursuit avec acharnement un projet qui lui garantit l'une ou l'autre de ces chances, ou que la couronne, en résistant à la chambre, perde toute influence sur ses décisions, ou que le ministère, en se prêtant à son exécution, rencontre des obstacles dans les choses, dans les hommes, au point d'être renversé.

Puis, comme à la remorque, arrivent d'un bord les électeurs fonciers de province, qui espèrent une baisse dans l'intérêt, qui se réjouissent de la perte des rentiers, et de l'autre bord les électeurs patentés de Paris, où dans certains colléges les épiciers, les merciers, etc., ont la majorité, tandis qu'un grand nombre de rentiers, beaucoup plus aptes à la politique, en sont exclus.

La proposition se borne à autoriser le ministre à opérer comme il ne veut pas opérer, sans lui imposer une obligation précise, et dans le cas où il voudrait opérer, lui accorde une latitude indéfinie, quant au mode d'exécution, dont l'effet serait et d'exposer les rentiers aux plus grands désastres et d'offrir aux agioteurs les plus belles chances.

En outre, la proposition s'avise de mettre à la disposition du ministre des sommes considérables à l'effet d'effectuer le remboursement de la rente, alors qu'il est évident que nul rentier ne manquera de préférer une conversion quelconque : et dans un autre sens, elle permet l'augmentation du capital, qui contraste au plus haut degré avec la prétention de réduire la dette au moyen du remboursement.

Certes, il n'y aurait point eu à s'occuper de ces différens points, dont l'exposition seule suffit à leur réfutation, si l'article 6 ne prescrivait que le fonds de l'amortissement afférant aux rentes 5 pour 100 converties, sera réparti entre les nouvelles rentes inscrites au grand livre.

C'est proclamer la consécration à terme indéfini du fonds d'amortissement tel qu'il existe en ce moment, et par conséquent la prolongation éternelle des taxes qui fournissent ce fonds.

Voilà ce qui apelle la réprobation.

Aussi, dans le petit travail qui est en tête, de

même que dans les fragmens d'anciens écrits qui sont placés à la suite, il n'est guère fait état que de la question de l'amortissement, dans la vue de démontrer qu'en tout état de choses sa manœuvre est à peine favorable au crédit , est très nuisible à la richesse publique et privée.

Que si les raisons données à présent, après l'avoir été maintes fois en d'autres temps, venaient enfin à produire une impression tutélaire, à plus forte raison on répudierait le système de réserve des fonds destinés à l'amortissement qui est suivi depuis quelques années, malgré que ce soit chose absurde d'extraire une forte partie du capital vivant de la nation afin de le convertir en un fonds mort aux caisses du trésor.

Ce n'est autre chose que le retour au système de thésaurisation, depuis long-temps suranné et abandonné en tous pays, sauf dans l'orient et en Afrique, qu'il suffit de caractériser sous son véritable titre, pour en faire sentir le vice et proscrire l'usage.

Si le temps avait été donné et si l'espoir était laissé de persuader maintenant plutôt qu'autrefois, il eût été convenable d'appuyer les considérations relatives à l'amortissement, au moyen de l'exposition du mode proposé depuis cinq ou six ans et dont le résumé se rencontre en ces termes dans l'écrit : Plan de finances de bon sens et de bonne foi, distribué aux chambres en 1836.

« Ne plus s'astreindre aux rachats, ne plus con-
« traindre au remboursement ; car en se dégageant
« d'une manie insensée, en se préservant d'une
« vaine tentative, le cours s'élève et se fixe.

« Ne point s'inquiéter du crédit public; car à
« l'état loyal et prudent, au besoin le crédit ne
« manque jamais; et pour l'état prodigue et volage,
« hors de propos le crédit ne se rencontre que
« trop.

« Ne pas s'occuper du crédit privé; car il ne se
« refuse pas aux sûretés et ne se livre pas sans sûre-
« tés, car il avance à la production et est rem-
« boursé par la consommation, offrant son secours
« à celle-là, autant que le recours lui est ouvert
« sur celle-ci.

« L'œuvre est une : et c'est d'accomplir le régle-
« ment de la dette, quant au présent par la com-
« mutation des rentes en annuités à terme fixe et
« leur consolidation en façon d'immeubles fictifs ;
« quant à l'avenir, par la constitution des em-
« prunts futurs, avec un fonds d'extinction en
« quinze ou vingt années.

« La fin est une : et c'est d'imposer un point
« d'arrêt au cours progressif des choses, d'opérer
« le départ entre les faits actuels et les actes éven-
« tuels, d'ériger le poteau de démarcation aux con-
« fins du présent, aux frontières de l'avenir.

« Tellement, que la dette étant mise à part,
« étant tenue au calme, l'exercice du crédit ait
« lieu en un vaste champ, avec un libre mouve-
« ment, et que, s'il se fourvoie sur la route, s'il

« s'emporte outre mesure, le corps de la dette ne
« soit point heurté, ébranlé par le contre-coup ;

« Et que les fonds oisifs soient colloqués aussi-
« tôt, les dépôts et les legs garantis de toute at-
« teinte, les caisses d'épargne remplacées avec
« avantage ;

« Et que les mœurs soient guéries de la fureur
« de l'agiotage, les talens restitués au service de
« la société, les capitaux employés à la renaissance
« des valeurs ;

« Et que le cours des fonds publics s'élevant à 4
« pour 100 et l'argent retournant aux emplois pro-
« ductifs, par cette dernière cause surtout, le
« taux de l'intérêt commercial, industriel, agri-
« cole, fléchisse peu à peu, se fixe enfin ;

« Et que les provinces se casent aux feuillets du
« grand livre, se mettent en contact avec la capi-
« tale ;

« Et que les rentiers deviennent des propriétaires
« à demeure, des citoyens de fait comme de droit ;

« Et par dessus tout, car jusque-là ce ne sont
« que des moyens, ici c'est le vrai but, qu'au moyen
« de l'abolition entière de l'amortissement, l'allé-
« gement des charges ait lieu au profit du peuple,
« c'est-à-dire du prolétaire et du petit propriétaire,
« analogues en point de mal vivre. »

Lequel système a été formulé en cet écrit, dans
des termes qui contiennent, ce semble, les principes capitaux, et au sujet de la dette publique, et
à l'égard du subside social.

Renonciation au remboursement des rentes.
Restitution du fonds d'amortissement.

Conversion de la dette en annuités à terme.
Erection des rentes à titre d'immeubles fictifs.
Commutation des trois en cinq au cours de 8o.
Création d'un fonds d'extinction dans les emprunts.
Libération de la dette future en 15 ou 20 ans.

Démarcation des positions sociales.
Appréciation des facultés contributives.
Exemption des subsides, quant aux nécessiteux.
Suppression des charges sur le pain de la vie.
Abolition de la dîme sur la semence des valeurs.
Conservation des forces en activité.
Préservation des récoltes en espérance.

12 février 1838.

de la Gervaisais.

Au contraire de la chambre des pairs, plus libérale au moins sur ce point, l'écrit précédent n'ayant pas été reçu à la chambre des députés, celui-ci a dû être adressé à domicile : car à mendier les faveurs du bou plaisir, à courir les risques d'une bassesse gratuite, le cœur manquait.

L'Etat et ses membres, ou la richesse nationale et l'agriculture, l'industrie, ne gagnent que par la diminution des charges fiscales, non pas de celles consacrées à l'entretien des services publics, qui garantissent la liberté, la sûreté, la propriété ; mais de celles enfouies au jeu de l'amortissement, dont l'effet se borne à forcer le cours, à rogner la dette.

Les fonds laissés à l'agriculture et à l'industrie fournissent un produit brut de 10 pour 100 par an, et avec l'intérêt composé, un capital double en moins de huit années.

Les fonds jetés dans l'amortissement n'ont été jusqu'à présent placés qu'à 5 pour 100, ne seront plus placés qu'à 4 pour 100 : donnant avec l'intérêt composé un capital double en vingt années.

Le capital appliqué à la production s'élève au double en huit ans, au quadruple dans seize, à l'octuple dans vingt-quatre ans, tandis que le capital absorbé par les rachats ne monte guère qu'au double à ce dernier terme.

C'est ici qu'il importe de calculer la puissance de l'intérêt composé.

De 1816 à 1830, la dépense de l'amortissement aura consommé 700,000,000 environ, qui équivalent à un milliard avec l'intérêt des intérêts.

L'emploi de cette somme, opéré par les contribuables, aurait formé un capital de deux milliards.

Sur le bilan actuel de la richesse publique, à l'actif, il y a deux milliards en capital de moins ; au passif, il y a cinquante millions en rentes de moins.

Les rachats reviennent au denier quarante, toutefois sous la déduction de l'intérêt successif des rentes acquises.

Quant au bilan futur, il est déchargé d'un service de cinquante millions ; il est privé d'un profit de deux cent millions, résultant de l'emploi des deux milliards.

Et, comme le signe monétaire se déprécie plus rapidement que ne se dégrade le taux du profit, en valeur réelle, le rapport devient de plus en plus fâcheux.

Les effets de l'amortissement consistent à hausser le cours des fonds, à diminuer le montant de la dette, à hâter la réduction de l'intérêt, à faciliter les emprunts nouveaux.

Eh ! bien, ces quatre points sont obtenus par d'autres causes, sans nuire aux contribuables, sans frapper sur les rentiers.

En premier lieu, se présente l'accroissement du capital national, ou la création de nouvelles richesses, dont la marche, naturellement progressive, est arrêtée par la levée du fonds d'amortissement, lequel nuit ainsi plus qu'il ne sert autrement.

A ce moyen, des fonds viennent se colloquer dans la rente, et en immobilisent, en amortissent une portion sans cesse augmentée.

En second lieu, la dépréciation du signe monétaire fait tomber de plus en plus la valeur nominale, calculée en chiffres, au-dessous de la valeur réelle appréciée en denrées.

Après un demi-siècle, 200,000,000 de la dette ne représentent plus que 100,000,000, au titre du jour du contrat, ce qui occasione déja une forte réduction dans la fortune des rentiers.

Par l'action coïncidente de ces deux causes, il arrive :

D'une part, que la richesse publique, élevée au double, ne subvient plus, par exemple, que d'un quarantième du revenu futur au lieu d'un vingtième du revenu actuel, et, par conséquent, que d'un quatre-vingtième en somme.

Tellement que le prélèvement sur les fortunes privées, au terme de cinquante ans, doit s'opérer dans la proportion du quart seulement, en rapport de la perception imposée sur ces fortunes au moment présent.

———

Tout l'art à avoir, est de n'avoir pas d'art. Tout le soin à prendre, est de ne pas prendre de soin.

Qu'on repousse enfin la manie de faire, défaire et refaire, apanage, ce semble ; inféodé à notre triste espèce.

Et qu'on laisse se faire, qu'on laisse aller.

D'abord les têtes ont à se délivrer de ces deux avortons d'idées, depuis peu écloses , le devoir de racheter, le droit de rembourser : avortons de même origine, que conçut en son loisir, en ses ennuis, la vanité, et dont l'alliance fut tramée sous les auspices de la cupidité.

De ce devoir, de ce droit, l'un de l'autre isolés, l'intrigue ne ferait aucun cas.

Fort peu lui importe d'exhausser le cours de quelques francs, à l'aide des rachats, et d'atténuer la dette de quelques millions, au moyen du remboursement.

Ce ne sont que prétextes vains dans l'isolement, et forts par l'alliance; dont il est fait emploi pour se donner un large maniement de fonds.

Dans leur essence même, le devoir, le droit existent envers quelqu'un, pour quelqu'un.

Ici, où est le quelqu'un, le quelqu'un légitime? Ce titre ne sied qu'aux rentiers, qu'aux contribuables.

Or, les rentiers en immense majorité, n'aliénant point le capital, sont indifférens au rachat, et ne vivant que du revenu, sont répugnans au remboursement.

Or, les contribuables, en presque totalité, ayant la charge de fournir les fonds, n'appellent point le rachat; et ayant peu de foi dans les chances, n'attendent point le rembour-sement.

Les deux parties se mettent hors de cause, et n'ont à se défendre que contre leurs prétendus défenseurs.

Ainsi, le devoir, le droit, l'un et l'autre supposés, ou plutôt imposés, sont reniés par ceux-là mêmes envers qui, pour qui ils sont proclamés.

La mission sacrée , dit-on, consiste à prendre aux uns effectivement, aux autres éventuellement; à prendre là sur l'aisance, en proportion fort inégale, ici sur l'existence, dans un rapport très-nuisible.

La réduction de la dette s'opère insensiblement par la dépréciation du signe monétaire.

Suivant le rapport sur le budget des dépenses de 1832, le calcul du marc d'argent, comparé au prix du blé, porte la somme de 840 millions payés en impôts en 1789, à celle de 1270 millions en 1831.

Le marc travaille en fait des dettes, comme en fait des taxes.

Si la dette coûtait 1270 millions en 1789, elle ne coûte plus que 840 millions en 1831.

Elle s'est amortie réellement, effectivement, d'un tiers à prendre en dedans.

Et comme la force des choses est immuable, autant que la volonté des hommes est instable, il arrivera de 1831 à 1873, tout comme il est arrivé de 1789 à 1831 : ou plutôt l'effet s'opèrera dans une progresion plus forte, en ce que le mouvement est infiniment accéléré.

En 1833, la dette est de 170 millions de rentes, c'est-à-dire de 2 milliards 800 millions en capital, en déduisant les 50 millions immobilisés et réduisant les 3 p. 100 au denier vingt-cinq.

Or, laissons aller le temps, laissons passer 40 années, laissons venir 1873.

Alors la dette ne vaudra plus qu'environ 110 millions en intérêts, et 1,900 millions en capital,

Puis, viennent 20 ou 50 ans de plus : et en raison du cours progressif de la dépréciation, elle ne vaudra que 75 millions, que 1,200 millions.

N'est-ce pas assez? n'y a-t-il pas de quoi porter repos aux esprits inquiets, et porter remède aux esprits malades ?

Faut-il donc usurper l'initiative sur le temps? faut-il le faire rétrograder, en le poussant hors de propos, outre mesure?

Ne vous y trompez pas.

En dîmant sur les semences au simple, vous dîmez sur les récoltes au quadruple, au décuple, etc., etc.

Et vous entravez les progrès de la richesse publique; vous altérez le rapport des valeurs réelles et du signe monétaire; vous arrêtez le cours de la dépréciation de l'un vis-à-vis des autres.

On est hors du vrai, et par conséquent hors du juste, de l'utile.

Trois périodes distinctes, trois phases successives se montrent dans le cours de l'amortissement, en ce grand pays, où le crédit public et le sens commun n'ont pas fait divorce.

Pendant la guerre, comme on empruntait plus qu'on ne rachetait, le fonds d'amortissement était vraiment prélevé sur le capital des emprunts.

Depuis la paix, les principes venant à s'établir, il fut reconnu que ce fonds devait provenir de l'excédent des recettes de l'État.

Avec le temps, l'idée survint, que cet excédent des recettes provenait d'une surcharge de taxes, et que le prix était douteux, que les frais étaient ruineux.

D'où cette règle fut arrêtée, d'abord d'appliquer le fonds aux dépenses, puis d'alléger l'impôt au détriment du fonds.

La France ne s'est point arrêtée à la première période, et se maintient à la hauteur de la seconde, prétendant ne bouger désormais.

C'est-à-dire que le pouvoir alléché par la triste et vaine chance de la réduction des rentes, s'obstine à imposer, dans la vue de racheter ou d'amortir, comme il se dit communément.

Cependant la maxime est admise, que le fonds d'amortissement ne doit pas être prélevé sur le capital des emprunts; d'après ce motif suffisamment lucide, qu'à prendre d'un bord et rendre de l'autre, l'effet est nul.

Or, ne se peut-il pas que ce fonds étant prélevé sur l'excédent des recettes, c'est-à-dire sur la recharge des taxes, il soit perdu d'un bord plus qu'il n'est gagné de l'autre, et qu'ainsi le résultat devienne nuisible?

Comme, par exemple, si ces taxes aggravées sont extraites de sources qui jetaient 8 à 10 pour 100 de profits annuels, alors que l'emploi ne porte que 4 ou 5 pour 100 d'intérêt.

Comme aussi et surtout, si elles sont soustraites à la masse des semences appelées à produire les moissons, ou à la somme des subsistances appliquées à entretenir les forces.

L'amortissement étant inventé dans la vue d'enrichir tôt

ou tard l'État, les moyens vont contre les fins, alors qu'ils opèrent dans le sens d'appauvrir de plus en plus l'État.

On invente de sacrifier les besoins certains du présent aux vœux équivoques de l'avenir, ne parvenant ainsi qu'à tarir les rentrées futures, en épuisant les sources actuelles.

Ces fonds placés pour des jours lointains, vont être, en ce jour même, ravis à des emplois déja féconds, de plus en plus féconds en produits.

Cette semence, jetée à tous les vents d'un siècle orageux, se voyait destinée à germer en silence, à porter de riches moissons.

C'est anéantir en réalité, afin de recueillir en imagination.

On ne peut nier quelles brèches sont faites à la richesse publique, par le prélèvement d'une somme de 80 millions à reprendre chaque année, pendant trente ou quarante ans.

Comme aussi on doit reconnaître que l'État florissant de la richesse publique, n'est que dénoncé et non pas déterminé par le haut cours de la Bourse.

Même l'amortissement y concourt pour peu, et souvent n'aide pas du tout, et parfois nuit plutôt.

En 1816, la dette montant à 60 millions de rente, n'offrait, au denier douze, qu'une valeur vénale de 720 millions.

Et en 1825, la dette, élevée à 160 millions, présentait, au denier vingt, une valeur vénale de 3 milliards 200 millions.

La différence était de 2 milliards 500 millions; tandis que l'amortissement, y compris l'emploi des rentes rachetées, n'avait agi qu'avec une force de 500 millions environ.

Ainsi, l'action de la richesse publique, opérée par le mode des placemens particuliers, avait fourni deux milliards.

C'est-à-dire, qu'entre ces deux puissances, la seconde s'est montrée quadruple de la première.

Encore il faut entendre que dans l'absence de l'amortissement, comme sa force est empruntée à la richesse publique, celle-ci, moins affaiblie, aurait produit davantage. Le calcul refait d'après cette donnée, n'attribuerait plus à l'amortissement que le huitième de l'influence exercée par la richesse publique.

Qu'on jette un coup d'œil sur la cote des fonds étrangers.

Non pas quant à l'Angleterre, car cela choquerait trop vivement, de voir le trois s'y maintenir malgré que l'amortissement soit réduit.

Mais, quant à l'Autriche, à la Prusse, à la Russie, pays qui se sont soumis depuis vingt ans seulement aux lois du crédit, et qui, par les formes de leurs gouvernemens, peuvent être en humeur de s'y soustraire.

La valeur vénale de la dette s'y est élevée aussi au quintuple, de 1816 à 1825; et cependant le fonds d'amortissement est fort inférieur, est incertain et variable.

Presque seule, la richesse publique a travaillé; presque libre, la richesse publique a réussi.

<hr>

On voit l'endroit, et non pas le revers de la médaille.

On omet de s'assurer si les écus assignés à la bonne œuvre, tomberont du ciel, et à défaut, d'examiner comment ils seront soutirés de la terre.

Certes, le fleuve du crédit public, coulant à pleins bords,

ne manquera pas de fertiliser tout le pays : au cas toutefois que la pompe mue à grands coups de piston, n'ait pas, dans la vue de le remplir jusqu'aux rives, épuisé et tari les sources naturelles.

Mais songez donc, songez enfin.

Le fonds de crédit emporte un fonds équivalent d'impôt : accorder au crédit 100 millions, c'est demander 100 millions à l'impôt.

Ici, il y a sacrifice; là, il y a bénéfice. L'un est-il justement balancé par l'autre?

L'intensité du bénéfice est connue : il reste à connaître l'intensité du sacrifice.

C'est en façon d'impôt qu'il doit être consommé : et s'il n'était pas consommé, certaines taxes, les plus iniques, les plus ruineuses seraient retirées de préférence.

En décrétant explicitement, en faveur de l'entretien du crédit, on décrète implicitement, à l'égard du maintien de ces taxes.

Or, la méthode rationnelle exigerait que l'impôt fût apprécié à part et arrêté en même temps.

En fait d'économie sociale, comme l'Etat prend d'un bord, rend de l'autre, tout est relatif, et raison n'est que comparaison.

Encore il y aurait lieu à débat, sur la proposition de quelques impôts à élever, ou à créer.

Taxe sur les mécaniques...........	10 millions.
Licence pour divers états..........	10
Surtaxe des cotons...............	20
Surtaxe des denrées du tropique....	10
Droit de passe...................	10
Droit d'entrée...................	10
A reporter...........	70

Report..................... 70 millions.
Droits de mutation gratuite........ 20
Impôt mobilier................... 20
Impôt foncier................... 50

———
160

Attendu qu'aucun d'eux n'attente à la vie, n'entrave le travail, n'étouffe les produits, en une façon sensible.

Ayant pour seul effet de réduire le revenu excédant, d'atténuer les dépenses d'agrément;

Et de plus étant perçus en général sur ceux qui tiennent, par opinion, ou même par intérêt, à l'élévation du crédit.

Mais toute discussion est prohibée, s'il s'agit de tels autres impôts à réduire, ou à abolir.

Fonds de dégrèvement pour les petites cotes foncières................... 20 millions.
Limitation de l'impôt mobilier......... 10
— de l'impôt personnel.... 5
— des portes et fenêtres.... 5
Allégement des tarifs fixes.......... 10
— du tarif de poste........ 5
Réduction du droit de circulation.... 6
— du droit de fabrication... 3
— des droits sur les boissons
communes........... 10
Fixation de l'impôt du sel, à raison
d'un sou par livre.............. 30

———
104

Par la raison que toutes ces réformes sont commandées dans les vues vraiment religieuses;

De ne pas entamer le fonds commun de la vie et de la force;

De ne pas grever la consommation des classes malaisées;

De ne pas imposer, à raison d'un taux immuable, les fortunes les plus disparates.

***

La chambre doit accomplir les conditions essentielles de la société, et non jeter la société dans des spéculations équivoques.

Elle doit régir le présent qui s'y prête, et non tenter de régler l'avenir, auquel on ne commande pas.

A l'égard de la dette publique, il a été dit que le signe monétaire était en voie de dépréciation, que le revenu national était en cours d'ascension; et qu'après un demi-siècle, le coût réel de la même somme de rentes tombait à la proportion du quart, vis-à-vis le coût actuel.

Il a été dit que par la force des choses, en dépit de tous les efforts humains, la faillite totale ou partielle devait avoir lieu tôt ou tard; et que dans l'ère ouverte aux révolutions, le terme fatal serait d'autant plus rapproché.

Ces conséquences s'ensuivent que, d'une part, il n'est point nécessaire de travailler à l'allégement des charges de l'avenir; que, de l'autre, il est impossible d'assurer le maintien de la foi publique dans l'avenir.

D'où il est prescrit de se limiter à l'exécution des engagemens effectifs, ou du service des arrérages; comme il est prohibé de se livrer à un système de spéculation ou au jeu de l'amortissement.

D'autant que ce jeu trop onéreux, bien loin de promettre un jour l'extinction de la dette, menace plutôt par l'aggravation des taxes, de dégoûter d'un service déja fort pénible.

L'amortissement est un jeu dont les mises sont certaines et présentes, dont les chances sont hasardées et éloignées.

L'amortissement est une spéculation sous le nom social, et en commandite obligée, dont la taxation est prélevée sur la semence même, au détriment des moissons futures.

Car tout fonds, toute valeur fait l'office d'une semence de produits, qui éclot sous la main de celui qui la possède, ou de celui avec lequel il l'échange.

Entre toutes les semences, aucune n'est stérile, et telle ou telle est plus fertile.

Il y a la semence en espèces, puis la semence en matières; il y a surtout la semence en travail : valeurs analogues, dont la fécondité s'élève dans cet ordre.

La catégorie des impôts à créer n'atteint que la première et quelque peu la seconde; et la catégorie des impôts à réduire, portant sur la source commune de la force et de la durée vitales, atteint la dernière.

La semence en travail est dispensée à tous les bras, en un nombre immense; tandis que les semences en espèces et en matières sont conférées à quelques bourses seulement.

Le rapport est au décuple, entre la quantité d'individus qui n'ont que des bras et de ceux qui ont des biens.

De là, en entamant le fonds, en entravant le mouvement de la semence en travail, la loi opère une lésion notable à la somme des produits appelés à naître, exerce une oppression capitale sur la masse des existences appelées à vivre.

Or, la chambre vient, en vertu de la souveraineté du peuple, réellement et non abstraitement parlant.

Elle vient, au titre de représentation de la pluralité numérique, y compris les non votans.

Son mandat, bien que transmis dans la forme par le corps électoral, émane au fond, de la masse nationale.

Sa mission se rapporte radicalement aux intérêts, aux besoins de la presque totalité de cette masse.

En y manquant, ce serait la plus odieuse, la plus hideuse oligarchie.

A. PIHAN DE LA FOREST, Imprimeur, rue des Noyers, 37.

APPEL

AUX HOMMES LOYAUX ET SENSÉS.

IMPOT DE L'HOMME : IMPOT DE LA CHOSE.

Plus qu'on ne croit, il y a de la force dans la vertu, il y a de l'empire dans l'équité, il y a du profit dans le devoir.

Le mal a son art, marchant rapidement vers le succès et bientôt mis à néant.

Le bien a son art, lentement avançant en la carrière et enfin se reposant dans le triomphe.

Entre le pays et le pouvoir, d'abord la faute, puis la peine sont à ce dernier.

Règne qui porte aide, qui prête appui.

Règne qui se fait petit avec les petits, et grand parmi les grands.

Les cœurs, les bras sont à quiconque n'offense pas ceux-là, n'opprime pas ceux-ci.

PARIS,

A. PIHAN DE LA FOREST,

Imprimeur, rue des Noyers, 37.

1838.

Entre le prince et le peuple, il y a alliance naturelle, car le prince n'est fort, n'est riche que par le peuple.

De l'un à l'autre, telle est la distance, que les sphères réciproques ne viennent jamais à se heurter.

Aussi les rois affranchissaient les communes, et se défendaient avec leur aide contre les hauts barons.

De même, soit contre la classe haute en Europe, soit contre la classe moyenne en France, le prince a à s'attacher le peuple, à s'armer du peuple.

Au lieu de l'affranchissement des charges personnelles, il s'agit de l'affranchissement des charges pécuniaires.

Le peuple est libéré de la féodalité, est asservi par la fiscalité.

L'utile et l'agréable ont seuls à subvenir ; le nécessaire n'a point à subir.

Que les princes se donnent aux peuples, les peuples se donneront aux princes.

L'homme est animal quand il naît, reste animal quand il vit à peine.

L'esprit ne s'éveille pas avant que les appétits soient repus.

Entre la souffrance du besoin et la fatigue du travail, le temps, le lieu manquent aux idées de liberté, d'égalité.

Le besoin à peu près contenté, le travail quelque peu adouci, sont payés en attachement, en dévoûment.

Ainsi, au lieu de fournir des recrues à l'ennemi, on s'assure à soi-même des auxiliaires.

On n'a plus à se défendre avec grand risque : on a plutôt à dominer sans coup férir.

On se fait libre, on se fait maître.

Dieu le veuille, si ce doit être en une telle façon.

Princes, n'écoutez pas les vains cris. Le ciel vous absout, la terre vous bénit. (*Du prince et de la chambre ; 1836.*)

PRÉAMBULE.

C'est bien le siècle, où le faux est sur les lèvres, le froid au cœur et le vide en la tête.

Rien de sacré pour la conscience, rien de sain dans l'intelligence.

Point de souvenances du passé, point de pressentimens de l'avenir.

Au jour le jour, la vie ; au premier vent, l'opinion ; au coup de dés, la volonté.

Chacun pour soi ; personne pour tout le monde : et l'un ennemi de l'autre, et tous étrangers entre eux.

On se leurre sur ce qu'on veut, on aspire à ce qu'on ne peut.

Les revers amènent le regret et n'apportent point le repentir : le tort est écarté de soi, est rejeté sur autrui.

Les esprits rétrécis, les cœurs racornis imaginent se grandir, s'épanouir, en élevant et étendant leur sphère d'action.

Dans l'impuissance à se nier leur état à eux-mêmes, ils tentent de le voiler aux regards d'autrui.

Le vrai ne s'entend pas, le simple ne se comprend pas, le juste ne se sent pas : tant ce qui est au-dessus, comme ce qui est au-dessous de la portée personnelle, manque à être saisi, apprécié.

De là, l'idéalité prévaut sur la réalité, et la gloriole sur la vraie gloire, et le vain honneur, sur le devoir.

Il semble de l'astrologue de la fable, qui tient l'œil dans les nues et perd pied sur la terre.

Même entre les pouvoirs, c'est comme un défi mutuel à qui s'échappera, se sauvera de la ligne du bien, du sens.

Dans la chambre, prolongation du fonds d'amortissement et colonisation du pays d'Algérie, à la charge de 70 millions d'un bord et 50 millions de l'autre, sans parler des existences à dévorer au dehors, des existences à pressurer au dedans.

Dans le cabinet, invention d'un système de canaux et de chemins de fer, éparpillés de lieu en lieu, confinés en un tiers du pays, dont il n'est présenté qu'un bout du gigantesque écheveau qui en se dévidant, doit entraîner, dit-on, un milliard, deux milliards de dépenses.

A tout le moins, c'est du luxe social qui ne devrait pas passer avant les nécessités, qui ne devrait pas être prélevé sur les nécessités.

Or, sauf la déconfiture bursale, ou pis encore, la subversion sociale, dont le terme est avancé et le mode aggravé par l'effet des charges les plus iniques, les plus ruineuses, qui donc acquittera jusqu'à la fin des temps, le coût d'un tel luxe ?

D'abord ceux-là même auxquels rien n'importe, rien n'advient, ni de la bonification du cours de la bourse et de la colonisation des côtes de Barbarie, ni du creusement des canaux et du forgement des chemins de France, qui montent aux trois quarts et plus de la population.

Puis ceux-là même, entre lesquels et les premiers, il y a identité presque complète, qui n'ayant pas, ou ayant à peine, même avec excès de travail, leur suffisance absolue, ont et auront à subir la dîme à un taux plus ou moins haut, sur le pécule de la vie.

Car, en ne portant en ligne que les frais du crédit et de la conquête, voilà 120 millions qui bon gré, malgré, à défaut de tout emploi, seraient restitués en allégement au moins des taxes réprouvées en morale, en politique.

Cependant ceux-là, de la première et de la seconde classe, ne sont autres que les 24 millions de Français enchaînés à la glèbe de la culture et sustentés des fruits immédiats du labeur, dont nul intérêt, nul rapport ne s'étend au-delà du rayon de la paroisse, dont toute force est appliquée à la mise en valeur progressive de 40 millions d'hectares, en partie incultes, en totalité améliorables, au point d'en élever les produits nutritifs, en même proportion que s'accroît le nombre des estomacs affamés.

Que deviennent donc, et les leçons de Montesquieu, Necker, Smith, qui ont été cités ailleurs, et l'exemple de l'Angleterre qui délaisse les vanités de l'amortissement et adoucit les duretés de la taxation, qui ne colonise point dans le désert et ne dérobe

point à l'industrie la confection des voies de transport.

Où donc est ce Sully, dont la glorieuse mémoire
a passé à travers les temps, ce Sully, disant que la
terre est *le corps même* de l'Etat, que l'industrie et
le commerce en sont *les pourpoints et les chausses*
et qu'on doit se reposer sur l'agriculture du soin de
faire fleurir les autres industries ; disant qu'il ne
faut pas s'amaigrir, pour acheter des habits magni-
fiques, qu'il ne faut pas ôter le pain aux enfans de
la maison, pour nourrir un nombreux domestique ;
disant que les habitans des campagnes sont en nombre sextuple des habitans des villes, et qu'un bon
roi doit s'occuper en première ligne de la prospérité
du grand nombre.

(*Gazette de France*, 18 décembre 1835.)

Telle est la fatalité, ou la nécessité des choses,
que les hommes ont à être gouvernés et que l'homme
a à les gouverner, de plus que l'homme gouvernant
aura un tout autre intérêt que les hommes gouvernés et que l'intérêt l'emportera sur le devoir.

Qu'on place au faîte, ou l'homme unique et per-
manent, sous le titre de monarque, ou l'homme
multiple et variable, sous l'intitulé de la chambre,
toujours ce sera l'homme.

Le monarque porte ce caractère que son intérêt
est le moins en contact, en contraste avec les intérêts du peuple : la chambre est marquée de ce type
que l'intérêt de ses membres et de leurs mandataires
est en lutte, en guerre contre les intérêts du peuple.

Il n'y a d'espérance pour la masse inerte et ignare, que dans le balancement des pouvoirs, dans leur concurrence à force égale.

Comme il n'est moyen de faire entendre le devoir à l'intérêt, la seule ressource est de faire combattre l'intérêt par l'intérêt.

Ainsi, dans l'être organique, se rencontrent des instincts et des penchans, en sens contraire, qui s'amortissant réciproquement, laissent percer une volonté propice.

Le secret de Dieu dans l'être organique, est à ravir, à transporter dans l'être social.

Or, en tout pays, sauf un centième des êtres confondus dans la masse nationale, tout le reste n'est susceptible que d'avoir une opinion d'emprunt ou de hasard, une volonté d'influence, ou de caprice.

C'est ce centième qui exerce la puissance politique, de force répudiée par l'immense masse.

De là, l'autorité parlementaire ne se rapporte point, ne se rattache point au principe absolu de la souveraineté du peuple.

Cette autorité est fondée seulement sur la présomption que les intérêts se neutraliseront mutuellement, que les mouvemens seront réglés par le balancement des pouvoirs.

Tout est fiction et présomption : tout est d'un ordre équivoque.

Dans la réalité, il y a seulement des pouvoirs corrélatifs, coréactifs ; lesquels ne sont investis de force que pour le service des intérêts.

Les intérêts ont droit à être garantis dans leur existence, à être protégés dans leur croissance.

Et tout est intérêt : tous ont des intérêts également sacrés, sans égard à leur importance relative, en raison de leur importance absolue.

Tous ont des intérêts : et fort peu ont une intelligence, sous le rapport des questions politiques; et moins encore ont une volonté, à part de l'entraînement des instincts, de l'enivrement des passions.

En aucune chambre élective, il n'est représenté qu'une petite fraction des intelligences, dont le plus grand nombre ne se voit point appelé, ou ne veut pas s'appliquer à l'œuvre, et qu'une fraction infiniment petite des volontés, dont l'immense majorité est inhabile à concevoir, impuissante à concourir.

Le prince est le tuteur naturel de ces intérêts dénués d'intelligence, ou dépouillés de volonté, jadis tenus en état de minorité, dans l'absence des lumières, par l'influence des coutumes, et maintenant rendus de nouveau à l'état de minorité par les intrigues de la passion, par l'artifice des factions.

Le prince est le représentant obligé de ces intérêts, dont chaque parcelle est d'un poids insignifiant et dont la somme totale est éminemment prépondérante, qui, d'après les formes légales, sont laissés à l'écart et mis à part, non sans le juste motif de l'inaptitude à faire valoir leurs droits, leurs besoins, comme aussi sous le faux prétexte que leur défense sera prise par d'autres.

Or, quels intérêts, sous le rapport du nombre,

que ceux de 3o millions d'êtres passifs, en comparaison de ceux d'un million d'êtres actifs.

Quels intérêts, sous les rapports du travail allié
à la misère, des valeurs créées au compte d'autrui,
du caractère empreint de loyauté, des mœurs in-
tactes malgré l'exemple, de la religion inoculée de
naissance et gardée au moins par habitude.

Quels intérêts, sous le rapport de la rénovation
continue de la société, dont les classes favorisées
tendent à s'altérer au physique comme au moral,
à s'éteindre au sein des voluptés, des vanités, et
que vient rajeunir, régénérer, cette jeunesse élevée dans la retraite, éduquée sous la peine, douée
de la force.

Telle est la mission du prince; mission déléguée
par la nature même des choses, mission de même
imposée en devoir et investie de puissance.

C'est au monarque, au pouvoir existant en un
seul homme, persistant dans le même homme,
qu'est conférée en droit et réservée par le fait, l'initiative.

A cet égard, quand le droit décrète, le fait sanc-
tionne; et si le droit se taisait, le fait parlerait.

L'initiative à exercer par le pouvoir résidant en
l'homme multiple et passant à des hommes divers,
vient à l'instant même d'afficher le vice capital qui
est recelé en cet acte, dans les propositions de deux
députés marquans, au sujet des rentes et des nè-
gres, l'une et l'autre jetées au hasard, à l'aveugle,
en l'absence de données propres à les apprécier.

D'où il devient manifeste que la chambre doit se borner à l'expression de ses vœux, autant que leur accomplissement est possible, sauf toutefois sur le point des impôts, où les faits sont notoires à l'esprit et palpables aux sens, plus encore pour ses membres, qui rentrent chaque année en la vie privée, que pour les ministres isolés pour le moment du mouvement de la société.

Par cela même que l'initiative est conférée, est réservée au gouvernement, à la fois le devoir lui est enjoint, et le pouvoir lui est remis.

Le gouvernement a la parole : et qui a la parole, s'il en use à propos et n'en abuse pas, s'il s'en sert seulement en faveur du pays, du peuple, acquiert d'emblée, l'entrée dans les têtes, dans les ames.

Même à qui prend et ravit la parole, à qui se la donne par le fait, bien qu'elle ne lui soit pas donnée en droit, toute puissance incombe.

Je viens après mille ans changer ces lois grossières : ainsi dit et fait Mahomet.

Je viens après mille ans changer ces vains rapports : ainsi dit et fait Napoléon.

C'est que l'homme hésitant d'opinion et bouillant de passion, se prête à être enlevé de lui-même, à être emporté hors de lui.

Qui a la parole, qui a une parole en même temps saine et droite, vive et forte, une parole telle que la réponse soit à l'avance comme amortie, est certain de porter la conviction aux esprits et la persuasion aux cœurs.

Même il est certain, en dépit de l'opinion, au

mépris de la volonté, de commander l'acte effectif, efficace, pour peu que sa parole émanée de haut, étendue au large, n'ait d'autre sens, d'autre but que l'équité, la loyauté, l'humanité.

Qui donc opposerait résistance, bien qu'il éprouvât répugnance, à accepter un système capital de finances simple et cependant complet, prompt et cependant durable, dont ce serait l'effet d'alléger l'impôt et s'attacher le peuple, d'élever le crédit et fixer le cours, de tuer l'agiotage et nourrir l'industrie, d'amener le retour des mœurs, d'ouvrir la carrière aux talens, de creuser des sources de richesses ? (*Voir l'écrit antérieur.*)

Qui donc oserait pousser le cri déhonté de l'égoïsme, ou laisserait s'échapper le soupir étouffé de la routine, alors qu'il serait présenté un système radical de subsides, où la charge pèserait en raison combinée de l'intérêt de sécurité et de l'état de prospérité, où la charge serait allégée au point de libérer du besoin, l'existence, et de rétablir en sa puissance, le travail.

Un système où tant de faux frais nuisibles au pays et non profitables à l'Etat, tant de mesures oppressives et de fraudes subreptices se verraient écartées ; un système où gagneraient d'abord ceux qui n'auraient plus à payer à grand'peine, à grande perte, où gagneraient ensuite ceux qui auraient à payer sans nulle gêne, comme en forme d'avances, bientôt remboursées par l'accroissement des produits et l'abaissement des salaires.

En cette façon, le ministère se tirerait sain et sauf

de ces misérables altercations, de ces agressions mé-
ticuleuses, devant lesquelles son sort est joué comme
d'un coup de dés, si bien qu'à deux voix de plus ou
de moins, il existe aujourd'hui et n'existe plus de-
main.

Et le monarque s'insinuerait en la confiance,
s'établirait dans l'attachement de la masse nationale
et s'assurerait, envers et contre tous, des remparts
de défense, des armes d'attaque au besoin.

Et sous l'égide d'un certain effroi, la chambre se
maintiendrait dans les voies de la justice, de la sa-
gesse, de la décence : ou (que le ciel nous en garde),
si des erremens malencontreux venaient à lui ôter
tout crédit, à la perdre de renom, en son lieu et
place se présenterait un pouvoir appelé au plus
juste titre à conserver intact l'ordre social, à préser-
ver de l'imminente anarchie (1).

de la Gervaisais.

(1) Cet écrit se rapporte presque uniquement à l'allégement ou l'abolition de certains impôts et taxes, sans exposer les épargnes de dépenses
et les excédens de revenu qui suffisent à ébaucher cette œuvre, et sans
parler des subsides, dont la création ou l'élévation permettraient de l'accomplir pleinement.

Les épargnes sur le fonds d'amortissement et sur l'établissement d'Alger peuvent être appréciées à 100 millions.

Les épargnes sur l'armée et sur la marine, non pas quant à la solde,
mais quant au nombre, sont faciles à porter à 30 millions.

A quoi il faut joindre l'excédent de revenu, le surcroît annuel des
rentrées provenant des droits d'enregistrement, des taxes de douane et
d'accise qui doivent être estimés à 20 millions.

La question des impôts et taxes à créer, ou à élever, plus susceptible encore de blesser les intérêts, a été longuement traitée en d'autres écrits, de façon à être résumée en ces termes :

L'impôt territorial, en raison du dégrèvement sous la restauration et de l'accroissement des produits depuis cette époque, ne serait pas aussi sensible qu'alors, avec une recharge de 50 millions.

L'augmentation du tarif sur les successions, les donations en lignes directe et collatérale, et surtout l'estimation réelle en valeur vénale des biens en mutation, offrirait au moins 40 millions.

Les droits rehaussés sur les cotons, les cafés, les épices, etc., la taxe de vente en détail rétablie à 15 pour 100, le système des licences appliqué à divers états ; et la capitation répartie en plusieurs catégories, comme en France autrefois, les portes et fenêtres perçues en une proportion accroissante, d'après le nombre, comme en Angleterre et en Amérique, l'impôt mobilier levé suivant le mode de 1791, au vingtième du revenu évalué en raison progressive du prix des loyers, jetteraient de 60 à 80 millions. (*Du Subside*, p. 27–29.)

C'est même somme en épargnes, en subsides : parmi lesquelles ressources qui s'offrent d'elles-mêmes, il y aurait à faire choix en toute liberté, si jamais le cœur venait à se révolter au sujet de ces charges contre nature :

Les tarifs fixes, qui frappent du millième au dixième sur le riche et sur le pauvre.

Les droits fixes sur les boissons, qui pèsent dans le rapport de dix et vingt à un, suivant l'infériorité des prix.

Les ports de lettres, qui enlèvent çà et là, le montant d'une journée ou d'une minute de revenu.

Les portes et fenêtres, qui laissent ici toute liberté, qui condamnent ailleurs à se priver et d'air et de jour.

L'impôt mobilier, qui tantôt réduit seulement le taux, et tantôt compromet le prix du loyer.

L'impôt personnel, qui s'acquitte tour à tour avec le relief, avec le principal du repas.

L'impôt foncier, qui prive d'une vaine dépense, ou dîme sur le fonds des nécessités.

La taxe du sel, qui est légère à l'opulence et lourde à l'indigence, qui est d'autant plus intense, à raison du régime grossier.

PROGNOSTIC.

C'est du vieux, sans doute; mais de date seulement.

C'est du neuf encore; quant au sens, quant à l'entente.

Toujours, le vrai est vieux de diction; et le plus souvent, est neuf d'audition, d'adoption.

Il est vieux, comme ayant été dit et redit : il est neuf, comme n'ayant pas été entendu.

Pour le proclamer, il se rencontre à point, quelque homme, qui n'a pas de passion hostile au vrai, ou même qui se fait du vrai, une passion fervente.

Pour le répudier, il se rencontre à l'instant, maintes et maintes gens, dont l'égoïsme l'écarte, le repousse, inquiet qu'il ne leur barre le chemin.

Par malheur, l'un n'est habile qu'à l'admettre en théorie; les autres seraient seuls aptes à le mettre en pratique.

Le vrai est neuf encore : il sera neuf long-temps, à jamais peut-être.

Le faux a mille voies : le vrai n'a qu'un sentier.

Même, en supposant le silence des instincts, qui tentent d'un bord et répugnent de l'autre, les chances sont de mille contre un.

De plus, l'ordre social, par une fatalité préétablie, ne se fonde, ne repose que sur des fictions.

Inévitablement, le droit est ici, et le pouvoir est là : l'un, résidant au sein de tous; l'autre, exercé par les mains de quelques-uns.

Le droit ne peut; le pouvoir ne veut.

Or, le pouvoir, honteux et craintif ce semble, commence par tromper les autres et finit par se tromper lui-même, à l'égard de sa sorte fictive.

De là, tant d'actes d'apparat, tant de paroles d'éclat, à seule fin d'éblouir, d'étourdir les esprits.

D'autant le pouvoir est surgi de la veille et à la vue, des sources du droit; d'autant, il a hâte de s'enlever au plus haut, de s'envelopper du voile des nues.

La fiction royaliste, forte de mémoire et de routine, sinon même de prestige, avait, sans honte et sans crainte, à s'humaniser, à se populariser.

Il a fallu que l'intention personnelle fût divertie, trahie par des influences coupables.

La fiction représentative, évoquée de l'urne, révocable par le sort, étant sous la fatale loi de ménager et caresser les colléges, a plus d'embarras à compâtir, à sympathiser.

Il faudrait que le sentiment du devoir présent, renforcé par le pressentiment du péril prochain, vînt l'investir d'une force presque surnaturelle.

A défaut, les députés seront réélus de nouveau, seront promus à des places, et régneront, régiront l'état. Mais jusqu'à quand?

Le retour des émeutes, le progrès des idées, l'absence de respect, le manque de foi, s'ils ne désignent pas le terme, du moins marquent la fin.

La fiction représentative aurait à se justifier par ses faits.

Une oligarchie aussi tranchée, aussi étriquée, admise à un certain point par la haute raison, ne peut tenir, en butte à la répugnance des instincts, à la récalcitrance des passions, sauf qu'elle ne se donne l'aide de l'assentiment tacite.

Attacher les cœurs par la libéralité ; apaiser les esprits par la loyauté : telle est la tâche de salut.

Dans l'expression des sentimens moraux, dans l'exécution des actes moraux, il y a quelque chose de contagieux, qui pénètre de proche en proche, qui gagne des chefs de l'état, aux gens du pays.

Le pouvoir humain fait un peuple humain. La compatissance se propage, et rallie les hommes, et rend la société un paradis, au lieu d'un enfer.

Certes, c'est là du neuf pour l'entente, bien que du vieux pour la date.

Même, c'est du vieux de dix ans et non de deux ans, dit sous la fiction royaliste, redit sous la fiction représentative, pareil au fond, divers dans la forme.

Entre les hommes, il n'y a rien de commun, si ce n'est l'ame.

Le corps avec ses appétits, et le cœur avec ses passions, et l'esprit avec ses systèmes, sont de même en permanente hostilité :

Attendu que les appétits grossiers, les appétits raffinés ou les passions, à peine repus et reposés, se ranimant de nouveau, n'ont point à être satisfaits ensemble sur la pâture assignée ;

Attendu que les systèmes ou les rêves du cerveau, déja incompatibles entre eux et même impraticables les uns à part des autres, n'ont qu'à se reprocher mutuellement leurs revers, qu'à accuser de leur impuissance propre, la résistance étrangère.

Le corps ou la matière, l'esprit ou l'intelligence, pour gagner leur vie, se font une guerre à mort.

« On ne peut faire un pas sans écraser quelque homme.»

Eh bien ! entre les rouages discordans et récalcitrans, de plus en plus multipliés et compliqués, de l'immense machine sociale, il n'y a pour émousser les frottemens, pour raccorder les mouvemens, rien que l'ame.

C'est l'intervention de l'ame qui adoucit les relations et rapproche les situations, qui voile la ligne de démarcation.

Le caractère de l'intervention ne peut être rendu que par un mot nouveau.

Bienfaisance est hautain ; bienveillance est vain ; charité tient à l'ordre religieux. Dans l'ordre naturel, il n'y a que *compatissance.*

« Le mot de compassion, disait Buffon, exprime assez que c'est une souffrance, une passion qu'on partage. »

La compatissance a pour mission de souffrir, de pâtir, avec qui souffre, qui pâtit.

La compatissance n'est autre que la vie de l'ame.

L'ame est commune à tous les hommes, est, pour ainsi dire, indivise entre l'un et l'autre, parmi les uns et les autres.

L'ame est comme une substance éthérée, dont les émanations, répandues, dispersées, ne constituent pourtant qu'un être unique, identique.

Si l'ame pâtit ici ou là, l'ame compâtit partout.

De là, l'instinct du semblable, si frappant en certaines occurrences, si puissant en dépit des passions.

De là, l'attrait de parent, de voisin et d'hôte, jadis remarquable au sein des peuplades naissantes à la vie, et maintenant au milieu du peuple arriéré de lumières.

De là, le sentiment du prochain, enfant de la nature, élève de la religion, qui, dans sa juste entente, est seul doué de créer enfin la famille humaine.

Hélas ! qu'on en est loin !

Dès long-temps, plus de voisin ni d'hôte : la perfidie, la défiance, l'envie, ont élevé des barrières de fer.

Déja, à peu prés plus de parent : des chances diverses de fortune ont creusé un abîme sans fond.

Et bientôt pas plus d'enfant : l'audace juvénile et la caduque indolence ont subverti les lois de la nature.

Mais surtout, plus de semblable, plus de prochain, plus de frère dans la censée famille humaine.

Tout y a connivé.

Autour du pivot d'airain de la personnalité, sont attachés, ce semble, les fils de soie de la sensibilité, de l'humanité, de la charité.

Encore, tant que le dur pivot tourne en un sens régulier et d'un mouvement égal, les fils légers, fragiles n'ont point à être brisés et même tendent à se réunir, à se renforcer.

Mais que la machine sociale soit frappée d'une impulsion violente et jetée de secousse en secousse; comme le pivot d'airain est ébranlé, les fils de soie se déchirent.

« Un vide immense est creusé parmi les hommes : toute sympathie s'éteint entre ceux qui ont du bien, et ceux qui n'ont que des bras.» (*Times.*)

Sympathie : voilà le mot.

La sympathie agit, à la façon de cette rosée du ciel qui vient rafraîchir la terre, au déclin d'un jour brûlant, et que les premiers rayons du soleil aspirent, restituent à l'atmosphère généreuse.

Ne s'épand-elle plus d'en-haut, elle ne remonte plus d'en bas.

Ainsi s'avance l'heure, où (suivant le *Globe*) il ne sera plus possible aux riches, de maintenir leur société, au milieu de cette autre société qui ne s'agite que pour vivre.

Qui entend cela? qui entend rien ?

Chez tous, c'est de même. Regrettans, jouissans, aspirans, s'entrevalent bien.

Le droit déja recouvert par la rouille des siècles, enfin

étouffé sous les débris successifs du fait, ne marque ni règles, ni limites.

La société humaine cesse d'être : les vaincus n'ayant qu'à maudire, les vainqueurs n'ayant qu'à se repaître.

L'homme reste seul au milieu des hommes. L'homme se concentre en lui-même, confond ensemble tous les hommes;

Là, s'endurcissant aux douleurs étrangères par ses propres douleurs, et se vengeant sur les uns, en retour de ce qu'il souffrit des autres;

Ici, s'enivrant de sa fortune inouïe, et chassant les souvenirs, brisant les liaisons, renvoyant des mépris autant qu'il en supporta :

Partout, absorbé par l'intérêt personnel, et se bâtissant des principes en conséquence, et se prétendant seul en titre, seul de bonne foi;

Partout, impuissant à concevoir la loyauté, l'humanité; et les traitant avec dédain, les taxant de folie, de sottise.

Au lieu de la société, c'est un bois, où la ruse trame des guets-apens, où la force s'affiche à découvert : l'une et l'autre prenant orgueil des succès, et n'éprouvant honte que des revers.

Or ce n'est pas d'hier, que date cette ère de platitude, de turpitude.

Déja avant 1789, les existences éminentes ne se respectant point, n'étaient point respectées, ne ressentant plus la sympathie, ne la rencontraient plus.

Et sitôt que la tentation leur vint d'abaisser les marches du trône, pour le mettre à leur portée, l'irruption trop juste de l'exemple se saisit d'elles, les fit passer sous les Fourches Caudines de l'égalité.

Ensuite depuis 1814, les mêmes existences ressuscitant d'une mort apparente, revêtissant le caractère des parvenus, se montrent à la fois hautaines et défiantes, avides et insensibles.

Et sitôt que l'occasion est jetée au-devant de la classe moyenne, humiliée, irritée, des classes inférieures, délaissées, méprisées, leur coalition les repousse en arrière de quinze années.

Allez donc, tous tant que vous êtes. Et ne vous plaignez plus : repentez-vous plutôt; surtout n'espérez pas.

Vous avez seulement à rendre grace, à crier merci à la divine Providence.

Indulgente à l'excès, clémente outre mesure, à peine êtes-vous punis.

Trois fois le trône à bas ; trois fois le pays aux risques ; et la religion en souffrance, l'autorité en décadence : telle fut l'œuvre.

Sauf à revirer du mal au bien, telle serait l'œuvre encore.

Inutile exemple! illusoire leçon !

Tel parti se perd, s'abîme : tel autre apparaît en son lieu.

Et, lancé au faîte par l'ennemi même, il s'imagine l'en avoir chassé.

Et il s'installe, il s'inaugure comme bullé d'en haut.

Les voilà donc qui feignent d'abord, qui imaginent bientôt avoir le droit, être en droit.

Courtisans et ministres, députés, journalistes, écrivains, tous d'une venue, se disent, ce semble : *L'Etat, c'est nous.*

En même temps qu'ils s'identifient avec l'Etat, ils idéalisent l'Etat.

Et l'Etat étant élevé au rang des êtres fantastiques, ils l'habillent d'honneur et de gloire, ils l'engraissent de lumières, de progrès :

Ne songeant pas qu'un être quelconque a des membres, et que ces membres ont la vie, et que la vie a ses lois;

Ne se doutant pas qu'il en coûte fort aux membres de l'Etat, en acquit de l'honneur et de la gloire, et qu'il ne leur revient presque rien, par suite des lumières, des progrès.

De là, après tant de révolutions qui toujours promettent, qui jamais ne tiennent, le désespoir tournant en accès de rage, on voit s'ouvrir l'ère de subversion, d'extermination.

Ère formidable, où le passé est mis à néant, où l'avenir surgit du chaos, où les existences suspendues dans le vide, se heurtent, se froissent, se brisent.

Il semble d'une immense hécatombe de vies et de fortunes, que commande la vindicte céleste.

Ceux qui avaient, ceux qui étaient, sont perdus corps et biens; sans que nul recueille l'héritage.

Il y a du mal pour tous; le tort est à quelques-uns.

Tels et tels ont oublié qu'ils n'étaient pas seuls sur la terre, pas seuls de leur espèce, pas seuls à titre égal.

Ils ont péché; ils sont frappés.

Et c'est juste: non pas suivant les règles étroites d'ici-bas, mais suivant les larges vues d'en haut.

C'est juste..... de la justice de Dieu.

Et c'est obligé: non pas d'après les calculs de la raison et les leçons de l'expérience.

C'est obligé..... de par la force des choses.

DÉVELOPPEMENS.

D'un siècle à l'autre, entre les deux révolutions, quel étrange contraste à l'égard des lois bursales.

En 1789, tout pour le peuple; en 1830, rien pour le peuple.

Là, dans le principe, un mouvement de la population; et dans les résultats, un progrès de sociabilité.

Ici, à l'origine, un soulèvement de l'opposition, et à la suite, un recul de civilisation.

Là, on apprécie à juste taux, à pareil taux, la valeur de l'homme.

Ici, on prise, on estime l'homme à des poids divers, à des titres fictifs.

Dans l'une, apparaît l'impôt de la chose, et dans l'autre l'impôt de l'homme.

Car c'est ainsi que sont dûment désignés et caractérisés les impôts, plutôt que par la vague et fausse dénomination d'impôts directs et indirects.

Comme l'homme ne vit qu'au moyen de l'aliment qu'il assimile à sa substance, qu'à l'aide du vêtement et du logement qui protégent son existence, ces divers objets font partie inhérente, essentielle de l'être.

D'où toute taxe qui s'oppose à leur libre usage, à leur usage nécessaire, bien qu'en apparence elle attaque la chose; dans la vérité, elle atteint l'homme.

L'homme absolument parlant, l'homme de nature, est de même blessé, lésé en son être, et par l'impôt dit indirect, et par l'impôt dit direct, qui, l'un ou l'autre, élèvent au-dessus de ses moyens le prix de l'aliment, du vêtement, du logement, etc., etc., etc., etc.

C'est-à-dire, dans l'état présent des choses, que le personnel, le mobilier, les portes et fenêtres, en tant qu'ils franchissent la limite du dénuement, sont tout-à-fait analogues aux taxes sur les sels et les boissons du peuple, en tant qu'elles grèvent l'insuffisance de la vie.

On a procédé par voie de synthèse ; on a créé des catégories abstraites : on s'est arrêté à l'apparence ; on s'est prononcé quant à la forme.

L'analyse ramène à la réalité, décide au fond.

Cet apperçu si bref donne l'indication des impôts à abolir et de ceux à limiter.

Quant aux trois premiers, connus sous la rubrique d'impôts directs, la limitation sied plutôt que l'abolition, au moyen de l'exemption en certains cas.

Une certaine indigence étant déja exemptée de l'impôt personnel, il y a seulement à préciser, plus justement, plus largement son caractère.

Il y a, dans l'impôt mobilier et locatif, à établir la méthode d'exemption, pour les loyers au-dessous de tel taux, pour les maisons au-dessous de tant d'ouvertures.

Quant aux deux taxes incluses dans la classe des impôts indirects, leur mode de perception se refusant à l'exemption, l'abolition est seule efficace.

Les premiers impôts et les dernières taxes auxquels il faut adjoindre les droits fixes de toute sorte, en tant qu'ils atteignent l'existence, constituent l'impôt de l'homme.

Leur nature, pareille et commune, bien que sous des formes diverses, consiste, quant aux contribuables nécessiteux, à se faire payer sur le fonds de la vie, à être payés en fractions de vie. (*De la limite de l'impôt* : Janvier 1830.)

L'impôt de l'homme en tributs ne manque pas d'analogie avec l'impôt de famille en conscrits; de même, enlevant ici à l'être multiple, et là à l'être simple, quelque portion de lui-même.

L'impôt de l'homme est rendu depuis long-temps, et connu en général sous le nom vraiment parlant de capitation.

Capitation : droit par tête, droit fixe sur chaque tête, pour toute tête, qui ne diffère pas de la taxe, à l'entrée des villes en Germanie, sur le porc, sur le juif, assimilés.

Capitation : dont parle ainsi un auteur non suspect.

« La capitation, quand elle est levée sur les plus bas rangs du peuple, n'est autre qu'une taxe sur les salaires, qu'une taxe sur les nécessités. » (*Smith*, t. 3, p. 333.)

« Comme taxe sur les nécessités, ceux qui ne considèrent en rien le sang du peuple, peuvent peut-être l'approuver. » (P. 388.)

« Comme taxe sur les salaires, on en fait fréquemment usage dans les pays où le bien-être du peuple n'est considéré en rien. » (P. 335.)

Il y a à dire que la capitation érigée sous ce signe, dans l'ancienne France, n'avait point le caractère propre d'un tel subside, y étant répartie en vingt classes, suivant le degré de fortune.

Il y a à dire que dans la France nouvelle, au contraire, tous les impôts et taxes ci-dessus désignés, bien qu'exercés sous un faux titre, sous des titres divers, en ont le caractère essentiel, étant infligés à un taux fixe, sans égard aux fortunes.

Or, cette capitation totale, qui se revêt de toutes les formes, sans que son essence soit altérée, autrement l'impôt de l'homme, au moyen de la plus simple addition, s'élève

à une somme tellement exorbitante, que l'imagination at -
térée du résultat renie l'évidence.

Dans le calcul, il faut défalquer du montant de chaque
impôt ou taxe, la portion qui n'est pas prélevée sur l'insuffisance de la vie.

Voici le résidu approximatif :

Impôt personnel. les trois quarts......	15 millions.
Impôt mobilier, la moitié...........	15
Portes et fenêtres, les trois quarts.....	20
Droits fixes, la moitié..............	10
Boissons du peuple, les cinq sixièmes...	10
Taxe du sel, les cinq sixièmes........	50
Capitation totale..................	120 millions.

Laquelle somme à diviser entre 25 millions d'êtres mal-
aisés, monte en charge individuelle, et non en *terme moyen*,
en *redevance commune*, suivant l'argot fiscal, à cinq
francs :

Ce qui fait, par famille de cinq individus, vingt-cinq
francs, ou la valeur de vingt à cinquante journées de travail,
ou le prix du quinzième au sixième des salaires du père
de famille ; encore, sauf la déduction de l'absence d'ouvrage
et de l'advenance des maladies.

Ce que c'est que d'avoir une langue mal faite ; ce que
c'est que de se prendre aux mots et de ne rien comprendre
aux choses ; ce que c'est que de s'arrêter à la forme et de
n'atteindre jamais au fond.

L'ancienne capitation faussement dénommée a été proscrite sur le nom seulement.

Plus chanceux après leur métamorphose, l'impôt personnel ou la capitation sur l'existence ; le mobilier et le locatif
ou la capitation sur 'e logement ; enfin les taxes du sel et

des boissons ou la capitation sur l'aliment, passent inaper-
çus, inentendus.

La capitation totale est formée en parties égales, par
trois branches désignées sous l'intitulé d'impôts directs et
par deux branches indiquées sous le titre de taxes indirectes : entre lesquelles, ainsi que le mode de la perception
diffère, le taux de la perception contraste aussi.

Les impôts directs présentent le type pur et simple de la
capitation ou du droit fixe par tête ; n'étant point assis suivant la loi de proportionnalité, étant exercés selon la règle
de l'égalité absolue.

Et la taxe des boissons rentre sous ce type.

Il en est tout autrement de la taxe du sel : car le sel est
plus qu'un aliment, puisqu'il en communique la vertu à
des substances autrement indigestibles. (*M. de Thiars.*)

C'est-à-dire que d'autant les substances sont grossières ;
d'autant pour les rendre digestibles, pour les amener à s'as-
similer à l'être, pour les faire passer à l'état de subsistances, une plus forte dose de sel est requise.

D'où l'intensité du besoin et la quotité de l'emploi, sauf
à souffrir du manque, s'élèvent en raison des degrés successifs de malaisance et d'indigence.

D'où la taxe est progressive, non d'après l'ascension, mais
d'après la déclinaison des moyens, est rétrogressive, selon
l'expression la plus appropriée, ce semble.

Voilà donc que la ligne de démarcation est tracée entre
l'impôt de l'homme et l'impôt de la chose.

L'un qui comprend les diverses branches de la capitation : l'autre qui renferme les impôts sur la jouissance et
la mutation des biens, et les taxes à l'entrée ou à l'intérieur
sur les objets d'utilité et d'agrément.

Cependant il y a lieu, en double raison des emplois et
des moyens de même augmentés plutôt à l'accroissement
qu'à la réduction du subside total.

Le choix est à faire entre l'impôt de l'homme et l'impôt de la chose, entre les premiers et les derniers impôts.

Une telle question n'ayant qu'à être posée pour être résolue, il y a seulement à rechercher lequel de ceux-ci est moins injuste, moins funeste.

———————

Il y a l'impôt de l'homme, l'impôt de la chose.

Celui-ci, qui de sa nature, est relatif au revenu, quant aux impôts directs, est relatif à la dépense quant aux taxes indirectes ; et par conséquent demeure proportionnel, tant qu'il ne devient pas progressif, comme cela s'est vu maintes fois.

Celui-là, qui est perçu, au contraire, selon un taux fixe, égal, constant, soit qu'il s'exerce sous le titre d'impôt direct ou sous la forme de taxe indirecte, qui n'est relatif ni au revenu ni à la dépense, et par conséquent n'est pas proportionnel, et trop souvent devient rétrogressif, comme cela se voit, à présent surtout.

L'un qui ne constitue qu'un prélèvement fractionnaire sur le fonds disponible ; à peu près à la façon de la dîme primitive, dont le seul vice était d'opérer avant et sans la déduction des frais fort divers.

L'autre qui constitue une préhension arbitraire, une levée infligée sans égard aux moyens réels ; à peu près à la manière des subventions de guerre, ou des corvées de la féodalité.

Tous deux dont l'arrêt propice ou fatal est porté par ces simples considérations.

Mettons de côté l'impôt de la chose.

Quant à l'impôt de l'homme, il se compose de trois branches marquées du titre fictif d'impôt direct, et de deux branches désignées sous le faux nom de taxe indirecte ;

non sans que d'autres subsides ne soient analogues en partie.

On y rencontre, sous l'intitulé de direct, les impôts personnel, mobilier, locatif (les portes et fenêtres); et sous l'intitulé d'indirect, la taxe sur les sels, la taxe sur les boissons du peuple.

Les premiers ont à être discernés, en ce que le personnel s'écarte le plus de la proportionnalité, et penche le plus vers la rétrogressibilité.

Le personnel se trouve insusceptible d'amélioration, d'appropriation quelconque; cela étant à la fois atroce et absurde, qu'à la différence de un à mille et plus en fortune, le tarif soit pourtant le même, infiniment haut pour l'un, infiniment bas pour l'autre.

Même, dans sa radicalité, il n'exista jamais en Europe, et il n'existe en France que depuis la révolution.

Cependant, la détermination à prendre en ce moment, paraît devoir être commune, et à l'impôt personnel, et aux impôts mobilier et locatif : ceux-ci étant semblables à celui-là, quant à la quote part infligée et appréhendée au-dessous ou au niveau de l'insuffisance de la vie.

Car, que ce soit sur la tête, sans égard pour les nécessités, ou sur les quatre murs souvent nus où se repose la tête, ou sur les ouvertures trop étroites par où respire la tête, de même la taxe qui tend à resserrer outre mesure, ou ces nécessités, ou ces murailles, ou ces ouvertures, est attentatoire à la vie organique.

A vrai dire, il ne se rencontre quelque atténuation de dureté, dans le mobilier et le locatif, qu'à raison de ce que le tarif n'est pas fixe en leur exercice.

D'où cette mesure commune entre eux est commandée :

1° Quant au personnel, d'étendre la définition de l'état d'indigence qui en exempte déja ; ou du moins de faire rentrer sous l'exemption, les individus qui en jouissaient avant la loi de 1831.

2° Quant au mobilier et locatif, de leur appliquer aussi le mode d'exemption à cause d'indigence et même de malaisance; ainsi qu'au-dessous de tel taux du loyer, de tel nombre d'ouvertures.

Maintenant, les taxes dites indirectes qui rentrent et sont comprises sous le titre de l'impôt de l'homme, ont à être prises en considération.

D'abord, la taxe des boissons du peuple, dont la réduction ou plutôt la suppression, seulement réclamée à l'égard de la piquette, de la petite bière, du cidre et du poiré, est en même temps peu difficile et peu onéreuse à accomplir.

Il suffirait d'une remise de 8 à 10 millions, dont le sacrifice serait fortement atténué par l'épargne des frais de l'exercice qui, dans la campagne, ne sont pas loin d'équivaloir aux rentrées.

En prononçant de plus l'abolition du droit d'entrée sur les vendanges, de même très coûteux et peu lucratif, et de plus si odieux, si révoltant, on se donnerait le temps d'attendre, on se donnerait le droit de saisir l'époque enfin devenue favorable à l'extension de l'impôt sur une plus grande quantité, et à son élévation d'après la plus haute qualité des produits vineux et spiritueux.

Enfin la taxe du sel, qui, moralement, politiquement encourt toutes les malédictions; cette substance devant à son prix naturel, nourrir et soutenir l'homme, élever et engraisser le bétail, enfin fertiliser la terre : le premier point qui est incontesté; le second qui est à peine controversé; le dernier qui est débattu, plutôt que démenti.

Au lieu que tout autre impôt ne se recommande qu'à tel ou tel titre, c'est à tous les titres ensemble ralliés, que se recommande la taxe du sel :

Et parce qu'elle entame le fonds consacré aux nécessités de la vie,

Et parce qu'elle entrave l'acte tendant à la nutrition de l'homme,

Et parce qu'elle écarte l'emploi invoqué par le bétail, par la terre,

Et parce qu'elle étouffe le produit naissant de cet emploi,

Et parce qu'elle appauvrit le pays, plus qu'elle n'enrichit l'Etat,

Et parce qu'elle ruine l'avenir, d'autant qu'elle mine le présent,

Et, en somme, parce que c'est à elle que s'applique le mieux, cette trop juste parole de Montesquieu :

« L'Etat commencera-t-il par appauvrir les sujets pour s'enrichir, ou attendra-t-il que des sujets, à leur aise, l'enrichissent? Aura-t-il le premier avantage, ou le second ? Commencera-t-il par être riche, ou finira-t-il par l'être ? » (Liv. tom. 3, ch. 7.)

Supposez une sorte de tribut qui est infligé d'après le même taux, jusqu'au dernier degré de l'indigence, qui n'excepte qui que ce soit, à aucun titre, pour aucune cause, qui frappe sur chaque membre de la famille, en raison simple, et donc sur le chef de la famille, en raison quintuple.

Supposez une sorte de tribut, qui, au moyen d'un tel procédé, s'élève dans le pays où le taux de la journée est le plus bas, à 5 et 6 fois le montant de l'impôt personnel ; qui, en valeur de loyer, équivaut parfois à la dépense de l'année ; qui, en valeur de subsistance ou de vie, équivaut, suivant les lieux, à la dépense de 10 à 50 jours.

Supposez une sorte de tribut qui, grevant au quintuple

du prix naturel, un agent de la nutrition, d'autant plus commandé par la grossièreté relative des alimens, est aggravé, est même exhaussé en chiffre, dans le rapport exact de la pénurie des moyens.

Supposez une sorte de tribut qui, grevant au même point, un élément de la production, d'autant plus approprié aux emplois du sol et du climat impropice, fait avorter les valeurs prêtes à naître, fait refouler dans le néant, les profits naturellement appelés à fournir le paiement des impôts.

C'est sous de telles suppositions, c'est à de telles conditions, que vous rencontrez, que vous reconnaissez la taxe du sel : seule et unique de sa nature, quant au principe, quant aux résultats.

Il y a dans la réduction et la suppression de cette taxe, ce caractère prééminent, prédominant, que le bénéfice est rétribué à la population totale, sans aucune exception;

Que le bénéfice est réparti en un plus haut degré, dans la proportion combinée de la décadence des moyens, de l'accroissement des besoins ;

Que le bénéfice dispensé en une telle façon, donnant lieu au maintien, au progrès des forces vitales, de même qu'à l'emploi, à l'usage des substances fécondes, d'une part, la richesse publique en tire des profits immédiats, de l'autre, les fortunes privées sont mises en état de supporter leurs charges.

De là, sort cette double conclusion, que tout autre impôt convient à remplacer la taxe du sel ; et que la taxe du sel requiert d'être abolie ou adoucie plutôt que tout autre impôt.

En tête, s'offre l'impôt foncier, comme ayant au plus haut degré le caractère de l'impôt de la chose, comme étant presque seul assis sur le revenu net et étant peu influent à l'encontre de la production, enfin comme se percevant au taux le plus modéré et présentant une masse considérable, dont la moindre fraction donne la somme requise.

Il a été exposé dans divers écrits comment la substitution de l'impôt foncier, à la taxe du sel, celui-là étant relatif et celle-ci étant absolue, donnait, à partir de telle cote, un bénéfice progressif, à raison de l'abaissement du chiffre, et causait un sacrifice de même progressif, à raison de son élévation.

C'est-à-dire, que par ce remplacement, la charge maintenant infligée à un taux fixe, se transformerait en un subside réparti proportionnellement à la fortune : ainsi mettant fin à la flagrante violation de la charte.

A la vérité, quant aux propriétaires de vignes, de bois, de maisons, ce seul résultat est obtenu ; dont la faveur est déjà marquante pour les moins aisés d'entre eux.

Ces propriétaires paient environ le quart de la contribution foncière, et composent à peu près le quart de la population cotisable.

Pour les trois quarts restant, la question est tout autre.

Les biens fonds, en culture de toute espèce, qui leur appartiennent, montent à 30 millions d'hectares, dit-on ; lesquels à raison de 6 fr. l'un dans l'autre, acquittent 180 millions d'impôt foncier.

En adoptant l'évaluation des revenus bruts, à 8 milliards en totalité, et à 6 milliards pour ces biens fonds, il s'ensuit que chaque hectare, terme moyen, jette un produit de 200 fr.

Dans la somme de 50 millions imposée en échange de la taxe du sel, la part incombant à ces derniers propriétaires, serait de 36 millions : lesquels, à diviser entre 30 millions d'hectares, font, pour chaque hectare, 24 sous.

Or, soit en nature de fumier, soit dans l'élève et l'engrais du bétail, soit quant à la force et la santé de l'homme ;

est-il si difficile de croire que l'emploi libre du sel élèvera le produit par hectare, l'un dans l'autre, d'une valeur de 24 sous.

Tel est l'aperçu des causes qui décident, et des résultats qui dérivent de l'abolition de la taxe du sel.

A peine y a-t-il lieu d'y joindre un motif inhérent aux intérêts du trésor.

C'est chose claire, que le paysan dans l'Ouest se sèvre à moitié de sel, et que le bétail, en Allemagne, en consomme à force, et que la terre, en France, en userait sur certains points.

Eh bien ! en réduisant la taxe à 5 francs par quintal métrique, le prix vénal s'établira généralement à 10 fr. le quintal, à un sou la livre ; auquel taux, en quelque temps, se rempliront tous les emplois appropriés.

Le quintal vaut maintenant 35 fr. en gros, 40 et 42 fr. en détail, à cause des pertes du déchet.

La dépense actuelle est de 80 millions : la dépense future sera de 40 millions, ou de la moitié, l'autre moitié de la remise étant attribuée à divers usages.

Ces 40 millions paieront 4 millions de quintaux, ou une consommation double.

Et peu à peu les emplois passeront en habitude.

Et le besoin venant, en reportant la taxe à 15 et 20 fr. par quintal, elle aura à s'exercer sur la quantité doublée, sauf peut-être le resserrement d'un dixième, d'un sixième.

Car, à l'exception des engrais, les autres emplois sont de nature à supporter un tel prix.

Tellement que la taxe à 15 fr. fournira autant, et à 20 fr. fournira plus que celle à 30 fr. à présent.

Ainsi a fait l'Angleterre à diverses fois, réduisant le tarif des thés et cafés, des sucres et esprits, puis le rétablissant après l'accroissement de la consommation.

L'impôt de l'homme rend l'esprit du mot de capitation, en son sens général.

Le nécessaire physique étant égal entre les hommes (*Montesquieu*), tout est capitation, en fait d'impôts ou de taxes sur les objets de besoin absolu.

Comme la dépense est la même, la charge est la même : et la charge pareille est légère aux uns, lourde pour les autres.

En outre, ces impôts et taxes ont ce caractère qu'ils se résolvent en numéraire : lequel pèse plus ou moins contre les valeurs réelles.

En prenant pour type, le coût quotidien de la vie, le même chiffre en emporte une fraction différente, suivant que la vie est à haut prix, ou à bas prix.

Le coût de la vie s'élève à 10, 12, 15 sous et plus, s'abaisse à 8, 5, 3 sous et moins.

Le chiffre d'un sou par jour absorbe ici le dixième, le douzième, le quinzième seulement, et ailleurs le huitième, le cinquième, le tiers.

Encore, dans certaines contrées, le paysan vit du produit, ou par échange : il lui faut faire des écus, les faire à tout prix, hors de propos.

Tellement qu'à bien entendre l'effet réel et positif de l'impôt, la charge devient triple, justement dans les plus misérables pays.

C'est-à-dire, que l'impôt est vraiment progressif, non plus dans la raison ascendante, mais dans la raison déclinante des ressources.

Et cela est plus frappant, plus choquant encore, à l'égard de la taxe du sel, qui frappe sur chaque tête de la famille, au lieu que tout autre impôt ne porte que sur la tête du chef.

D'où le poids relatif s'aggrave, toujours en proportion de la pénurie, non au triple, mais au décuple et plus.

L'impôt de l'homme se divise donc en deux genres : le premier comprenant plusieurs espèces.

Le caractère des deux genres diffère, en ce que l'un n'atteint que le chef de famille, et que l'autre atteint l'enfant, la femme, le vieillard.

Dans le premier genre, se présentent divers subsides, dont la charge est à un certain point libre et facultative, et même est nulle à un certain degré de misère.

Ainsi la taxe des boissons communes n'affecte guère la moitié de la population, qui, sauf dans les jours d'exception, ne boit que de l'eau.

Et quant à l'autre moitié, elle est atténuée en ce qu'au cas de gêne passagère, la sobriété vient en soulagement.

Ainsi l'impôt sur le loyer et sur les ouvertures, détermine, parfois sans risques pour la santé, à se loger plus à l'étroit.

Et de plus, il se répartit en une proportion à peu près égale, entre le locataire et le propriétaire, pour lequel il n'a point les effets de l'impôt de l'homme.

Même l'impôt personnel, si odieux de nom, admet l'exemption de l'indigence.

Et d'ailleurs, il est fixé d'après le prix local de la journée : proclamant ainsi la vérité du poids relatif des charges fiscales, et condamnant par suite les subsides qui n'en tiennent nul compte.

Il n'existe hors de ce genre de subsides, que la taxe du sel; espèce unique du second genre de l'impôt de l'homme.

En outre de ce point déja tranchant tel est son caractère spécial, exceptionel, qu'elle saisit tout être à face humaine, l'être mâle ou femelle, l'être enfant ou vieillard.

Au lieu que l'être actif contribuait seul, les êtres inertes subviennent de même : terme extrême de l'iniquité, de l'atrocité.

Dans le sens rationnel de ce mot, la taxe du sel constitue seule l'impôt de l'homme.

Les autres impôts portent plutôt les caractères de l'impôt de famille.

Ici, le chef de famille, là les membres de la famille ont à payer.

En supposant cinq personnes par famille, dont quatre hors d'état de travailler, alors la charge du chef est quintuplée.

Qui donc y a jamais pensé, s'en est jamais douté ?

Prenez un pays où l'impôt personnel est à 2 fr.

Prenez une famille, où il existe une femme et trois enfans.

Justement en ce pays, la grossièreté des alimens exige une quantité presque double de sel.

Justement en ce pays aussi, la vilité des alimens abaisse le coût de la vie à 5 sous et 3 sous.

Le chef de famille, dans le pays riche, paie 4 fr. d'impôt personnel, 8 ou 10 fr. pour la taxe du sel.

Dans le pays pauvre, il paie 2 fr. de l'un, 12 ou 15 fr. pour l'autre.

Au premier pays, le coût quotidien de la vie étant à 12 sous et plus, la somme à payer équivaudra à quinze fois ce coût.

Au dernier pays, le coût de la vie étant à 4 sous et moins, la somme à payer équivaudra à soixante fois ce coût.

Le chef de famille du pays pauvre paiera, pour la taxe du sel, une somme six fois plus forte que pour l'impôt personnel.

Même à l'état d'indigence, il est exempt de l'un au taux de 2 fr., et subit l'autre au taux de 12 à 15 fr.

Vraiment cela ne se peut croire, que la plume à la main et le chiffre sous les yeux.

Qu'on pénètre au sein du ménage de l'ouvrier des villes riches et du journalier des campagnes pauvres, auquel est assimilé le petit cultivateur.

Là, une journée à 2 fr., un salaire annuel de 600 fr. : et 10 livres de sel par tête, au prix de 8 fr. pour cinq têtes.

A peu près le quatre-vingtième du salaire.

Ici, la journée à 10 sous, le salaire annuel à 150 fr. : Et 15 livres de sel par tête, au prix de 12 fr. pour cinq têtes.

A peu près le douzième du salaire.

Poussons de suite, à travers tant de cas intermédiaires plus odieux les uns que les autres, au terme extrême, à ce terme qui dépasse la portée d'une imagination d'enfer.

Qu'on compare le célibataire qui jouit de 12,000 liv. de rente, avec le journalier ou le cultivateur, chargé de femme et trois enfans, qui retire de ses bras ou de son champ un produit ou salaire de 400 fr.

De celui-ci à celui-là, les ressources sont au trentième ; les besoins physiques sont au quintuple :

Le célibataire de ville et de campagne, même en lui adjoignant quatre domestiques, dépense, à raison de dix livres de sel par tête, 8 fr. chaque année.

C'est-à-dire le quinze centième de son revenu.

Le père de famille dépense, à raison de 15 livres de sel par tête, 12 fr. chaque année.

C'est-à-dire le trentième de ses rentrées.

La charge progressive de terme en terme, est, à ce terme extrême, cinquante fois plus forte.

Or, vienne quiconque s'élever contre le mode progressif de l'impôt en droit sens, à raison de la hausse des moyens.

Sauf, quant au dixième des rentrées qui est fourni par un sixième de la population, à l'état d'aisance ou de suffisance, la taxe du sel n'est pas une contribution, est plutôt une subvention :

Non pas une contribution, dont le nom même indique que le montant en est payé, d'après une conception libre, par une action commune, sous une proportion relative;

Mais une subvention imposée, infligée à l'ilote dépourvu de droits, au serf dénué de biens, à l'esclave privé de recours, par le citoyen censitaire, par le suzerain politique, par le colon continental;

Une subvention émanée du droit de propriété qui envahit le droit de souveraineté, dérivée du droit de conquête, sinon du sol, au moins du pouvoir, extorquée à la force inepte, par l'astucieuse faiblesse.

Contribution, cotisation, sont des expressions synonymes dans l'acception grammaticale et intellectuelle : si l'une est à tort proscrite du langage fiscal, elle se retrouve en usage, quant aux levées d'argent assignées à un travail commun.

Contribution, cotisation impliquent, emportent l'idée d'une société ou communauté, dont les membres, ayant à s'assurer les mêmes biens, à s'épargner les mêmes maux, afin d'obtenir les fonds suffisans à cette double œuvre, font entre eux une convention patente ou tacite.

Ce mot de convention offre justement le sens opposé du mot de subvention.

On convient à l'amiable : on subvient de force.

Autant le principe est contrastant, autant les résultats sont contraires.

Alors qu'on convient, chacun se cotise ou contribue, évidemment en raison composée, et du revenu excédant le besoin, et du fonds à garantir, à améliorer : d'où, ceci soit dit en passant, la cotisation est, par sa nature même, non seulement proportionnelle dans le rapport des fortunes, mais encore progressive suivant le degré de leur intensité.

Voilà l'impôt de la chose : laquelle chose, après distraction faite de l'entretien de l'homme, se trouve entièrement disponible, dans la vue du maintien de la société ; par cela même que la chose a été concédée à l'homme, est conservée à l'homme, sous l'égide de la société.

Alors qu'on subvient, comme les maîtres de la chose sont ou se font les maîtres de la société, le but reste semblable et les moyens diffèrent, quant au maintien de la société.

Etant à la fois maîtres de la chose, maîtres de la société, sauf que le péril de celle-ci ne menace imminemment le salut de celle-là, ils se refusent à la contribution portant sur la chose, ils se réfèrent à la subvention frappant sur l'homme.

Voilà l'impôt de l'homme : voilà, au lieu et place de la cotisation proportionnelle et progressive, la capitation fixe, égale, constante, dont tant d'impôts et de taxes, bien que dissimulés en une façon subreptice, ont essentiellement le caractère.

La subvention imposée s'exerce d'ordinaire par la voie de la capitation.

C'est le mode approprié à la force : en ce que la sagacité lui manque pour discerner, et la sensibilité pour apprécier.

Un pays est-il conquis ? une race est-elle asservie ? le premier, le seul tribut consiste dans la taxe, uniforme, invariable, qui est assise chez les peuples nomades, sur le cheval, le bœuf, le mouton, et chez les peuples agricoles, sur l'homme même, enfans, femmes, vieillards y compris.

Or, la taxe par tête, sur l'espèce bestiale, est à la fois moins ignoble à subir, moins inique à infliger, que la taxe

sur l'espèce sociale : en ce qu'elle rentre dans la catégorie de l'impôt de la chose, tendant seulement à hausser
le prix de la denrée, et ne risquant point d'affecter les
besoins de la vie, d'altérer l'état des forces, d'élever le
coût de la main d'œuvre.

Il a été dit comment la taxe par tête ou la capitation,
renferme des impôts de forme diverse et sous divers titres :
auxquels il faut ajouter, comme étant de sorte analogue,
les droits fixes quelconques de timbre et d'enregistrement,
de passeports et de ports de lettres, qui fraudent de même
la règle de la proportionnalité.

La taxe du sel ou la capitation saline apparaît en tête,
en raison du taux plus lourd, et de l'effet plus fâcheux, et
du mode plus partial encore.

Ici surtout, se montre le caractère radical de la subvention de guerre et de conquête, autrement de l'exaction, de
l'extorsion instituée en manière de loi.

On repousse la cotisation progressive, suivant la loi d'ascension des fortunes ; on accueille la capitation progressive,
suivant la loi de déclinaison des ressources.

Les censitaires qui font les choix, les mandataires qui
font les lois, chacun possédant au minimum 2,000 fr. de
revenu, et le plus souvent faisant valoir, ou un bien, ou un
état, ne supportent la capitation saline qu'au taux de 8 à
10 fr. par famille, en rapport du deux centième des facultés.

Et la masse infime, la masse immense, au nombre des
trois quarts de la nation, obtenant à grand'peine, la suffisance la plus stricte, et ne jouissant par conséquent d'aucun revenu disponible, subit la taxe, savoir :

Dans les villes, sur des profits ou salaires se dégradant
de 600 fr. jusqu'à 300 fr. et moins, au même taux, en
rapport du soixantième, du trentième, non plus du revenu
disponible, mais bien du fonds obligé de la vie ;

Dans les campagnes, sur le montant des produits ou des journées, se dégradant de 3oo fr. à 15o francs et moins, cette fois au taux de 12 à 15 fr., en rapport du vingtième, du dixième de ce fonds obligé.

Et notez qu'à ce dernier rang, dans le rapport du vingtième, du dixième, les patiens comprennent au moins la moitié de la population, enfantent les trois quarts et plus de la production.

En ralliant et saisissant d'un coup d'œil, toutes les sortes de capitation, qui s'élèvent en somme devers 120 millions, c'est, ce semble, une épargne, un *sauvement* (*mot anglais*), à prélever sur leur tâche contributive, que se décernent et se répartissent ceux par qui la loi est dictée, ceux à qui l'intelligence a été octroyée.

Détenteurs de la force légale, exploitans de la force morale, représentant la volonté dite nationale et l'opinion dite publique, par un accord tacite entre eux, ils se créent comme une liste civile.

APPENDICE [1].

Il importe de comprendre enfin que la valeur monétaire, qui varie d'un siècle à l'autre, quant à l'échange contre les valeurs réelles, varie aussi de province en province, et de la ville à la campagne.

En prenant pour type le prix des valeurs assignées à l'entretien de la vie, le rapport de la valeur monétaire passe de un, à deux, à trois, à quatre.

C'est-à-dire que la vie, appréciée en écus, vaut ici dix, douze et quinze sous, et là huit, cinq et trois sous.

D'où l'impôt perçu au chiffre d'un sou, enlève en fractions de vie, ici le dixième, le douzième, le quinzième, et là le huitième, le cinquième, le tiers.

De plus, dans les mêmes contrées où la vie est au plus vil prix, les nécessités sont généralement remplies, au moins quant aux campagnes, par la préhension des denrées en nature, et sans l'entremise du signe monétaire.

En sorte que pour subvenir à l'impôt, il faut faire des écus, les faire à tout prix, hors de propos :

Tantôt en aliénant une part du fonds de la subsistance, ou des instrumens de travail ; tantôt en échangeant à perte des produits de l'ordre végétal ou animal.

---

(1) Les retranchemens opérés dans le dernier morceau, ayant laissé de la marge sur la troisième feuille, cet espace a paru bien approprié à la citation de quelques passages de nature analogue et de date antérieure à 1830, où sont exprimées des vérités trop simples pour avoir été saisies, et trop justes pour être accueillies, en ce siècle de vanité et de subtilité, de cupidité et d'insensibilité.

En quoi apparaît cette choquante anomalie , que le mode actuel de l'impôt, au lieu d'offrir un perfectionnement, présente une détérioration, par rapport à l'ancienne coutume de la dîme :

Car la dîme ne saisit en tout lieu qu'une portion relative des récoltes ;

Et même qu'il supporte à peine le parallèle avec l'impôt sur la mouture :

D'autant que celui-ci n'atteint pas les peuplades misérables qui se repaissent de blé noir et de maïs, de patates et de châtaignes.

Ou l'impôt est tarifé sous un chiffre fixe et absolu ; comme pour le timbre, l'impôt personnel, les ports de lettres, la taxe du sel en tant qu'indispensable à la vie :

Ou l'impôt est fractionnaire sous un chiffre relatif et proportionnel ; comme pour les impôts foncier et mobilier.

L'impôt mobilier, l'impôt foncier, à l'égard des petits contribuables, appellent la plus scrupuleuse attention.

Leur chiffre est fractionnaire : la quotité prélevée par le fisc est proportionnelle aux rentrées advenantes à l'individu.

Mais qu'est-ce qu'un prélèvement proportionnel, qui, en s'opérant sur un infiniment grand, le laisse intact à ce titre, et, en s'opérant sur un infiniment petit, le fait passer dans un ordre inférieur ?

Ce n'est pas même un infiniment petit ; c'est purement et simplement un zéro, quand l'actif en moyens se trouve équivaloir au juste avec le passif en besoins.

A bien dire, la taxation n'a plus où s'exercer ; l'impôt n'a rien à appréhender. L'appel est fait au nécessaire ; une part est soustraite à l'insuffisance.

Il faut ravir une fraction aliquote de la vie même ; il faut restreindre la portion incombant à l'entretien, et la restreindre en raison progressive de son exiguité.

D'autant qu'il y a moins, d'autant il restera moins encore.

A l'égard de l'impôt tarifé, il parle de lui-même et ne laisse rien à dire.

Seulement on doit observer que dans l'impôt personnel, l'indigence est exempte.

Ce dernier trait porte plus que tout encore la condamnation de la taxe du sel.

L'un et l'autre ne sont qu'une capitation : et là, elle est mitigée ; ici elle est aggravée.

Quant au premier, la loi déclare que celui qui n'a rien, ne doit rien : quant à la seconde, la loi prononce que celui qui a le moins, doit le plus.

L'impôt étant exprimé en chiffre fixe, étant perçu en valeur monétaire, affecte dans une proportion double, triple et quadruple, suivant le rapport variable de cette valeur avec les valeurs assignées à la subsistance.

La valeur monétaire ou le numéraire ne présente qu'un signe d'échange, ne constitue point une richesse absolue, une richesse réelle.

Aux premiers temps, ce signe n'apparaît même pas, attendu que l'entretien de la vie s'accomplit encore avec les produits du sol.

En certains lieux, et surtout dans les contrées misérables, il apparaît à peine, quant au petit propriétaire, ainsi qu'à l'égard du fermier.

Tellement que la coutume des baux à moitié fruits y prévaut ; et que pour ceux en argent, le bailleur est contraint à guetter le moment de la rentrée du prix d'une vache ou d'un cochon.

L'éligement est difficile suivant l'expression du pays : la-quelle rend cet état de choses où chacun vit de son avoir propre, ayant de même peu à acheter et peu à vendre.

C'est sous le coup de ces rudes conditions : celle-ci où il y a souvent manque des nécessités, celle-là où il y a toujours absence de numéraire, que l'impôt survient avec ses exigences à taux fixe, à terme fixe :

Tandis que dans les régions favorisées, la suffisance de la vie est garantie, au moyen des épargnes, des salaires ou des profits; et que la méthode d'échange des produits superflus y entretient une circulatiou permanente du numéraire.

Ainsi, les deux vices capitaux de l'impôt s'allient étroitement et s'aggravent réciproquement :

L'un qui consiste à opérer sous le même chiffre du signe monétaire; bien que ce signe hausse de valeur quant au coût de la vie, et augmente de rareté par le manque des échanges;

L'autre qui réside en ce point, d'infliger, soit au moyen d'un tarif pareil, soit par la voie d'une fraction semblable, une charge progressivement plus pénible, en raison de la malaisance d'abord, et puis de la misère même.

A ces titres, l'impôt foncier, pour les petites cotes, et la taxe du sel dans les campagnes, se montrent au premier rang :

Avec cette différence dans les résultats, que l'impôt, dont la perception est forcée, entraîne trop souvent la vente au rabais des instrumens ou des produits ;

Que la taxe à laquelle on peut s'esquiver, occasione plutôt la privation d'une denrée indispensable à l'existence et favorable à la production.

S'il n'y a moyen de porter quelque allègement de l'un et de l'autre bord, il faut considérer que le double dom-

mage frappant sur les mêmes individus, c'est chose indifférente que le remède s'applique ici ou là.

Et il faut remarquer qu'entre la déperdition du fond et
la privation de la denrée qui nuisent ici et là, la première ne se rencontre pas communément et constamment
comme la seconde.

Or, à l'égard de l'impôt foncier, pour amortir le coup
subi par les petites cotes, il n'apparaît que la ressource
d'un large fond de dégrèvement, à répartir en raison de la
dureté des saisons.

Mais cette méthode ne présente qu'un palliatif, et ne se
sauve pas de l'arbitraire; tandis qu'au sujet de la taxe du
sel, il s'offre un véritable spécifique.

Il y a à distraire sur une fortune quelconque, le montant
du nécessaire : si la fortune est estimée à **deux**, si le nécessaire est porté à **un**, le résidu imposable ne présente
plus qu'**un**.

Quant à la contribution foncière, en payant le dixième
sur le chiffre brut *deux*, on paie le cinquième sur le chiffre
net *un :* en payant le dixième sur le chiffre brut *dix*, on
ne paie que le neuvième sur le chiffre net *neuf.*

La cotisation est proportionnelle quant à la valeur apparente, est disproportionnelle quant à la valeur effective :
la taxation se montre nominativement égale, se trouve
réellement inégale, dans une proportion indéfinie.

En principe, c'est un pas rétrograde devers l'enfance des
sociétés, où le tribut était levé sur le produit que de le
prélever ainsi sur le profit et non sur le revenu.

En résultat, c'est un délit grave envers la classe des
petits propriétaires, dont la quote-part devrait être ré-
duite.

Attendez cependant :

Parmi les quatre millions de petits propriétaires, chaque père de famille représente quatre ou cinq personnes.

Or, le fisc rencontre une denrée la plus nécessaire après l'aliment, et souvent nécessaire à l'aliment même, dont la consommation obligée est égale pour chaque existence, est plutôt supérieure suivant la malaisance.

On ne peut la taxer qu'en manière de capitation, qu'à l'aide d'un tarif égal et fixe par tête ; soit que le revenu s'élève au plus haut degré, soit que le profit reste au pair ou au-dessous du nécessaire.

N'importe : il y aura à payer, sous le prétexte de la dépense en sel, de 2 à 3 francs par tête, de 10 à 15 francs par famille.

Il y aura à prélever 12 francs par terme moyen, pour chaque famille, souvent sur le nécessaire absolu, et toujours sur le nécessaire relatif le plus restreint, au nouveau titre de contribution indirecte, en outre du surcroît indu de la contribution foncière.

Comme il y a identité dans l'individu soumis à l'impôt foncier et à l'impôt salin, en quelque sens qu'il soit dirigé, l'allègement est de même profitable.

Et en portant sur la taxe du sel, la décharge n'est point exposée à l'arbitraire, n'est point limitée à la classe des propriétaires.

De plus, l'avantage ne se borne pas à ce qu'il soit enlevé de la bourse, quelques écus de moins.

En allégeant cette taxe, l'état rend ou laisse mieux que des écus, le plus souvent destinés à la consommation finale.

Il rend ou laisse des moyens appropriés à soutenir les forces et à jeter des produits.

Car les sels étant réduits de prix, on n'est plus tenté d'en faire épargne : au contraire, on est invité à en faire usage, afin de subvenir à l'impôt.

Sans parler de la liberté des emplois les plus lucratifs, il y a bénéfice pour les petits propriétaires, à ce que leur portion de la taxe du sel soit acquittée par la voie de l'impôt foncier.

Cette classe comprend 16 millions d'individus, et paie plus de la moitié de la taxe, environ 3o millions.

La recharge d'un dixième sur l'impôt foncier, qui monte à 25o millions, approche fort de cette somme.

Or la capitation exercée sous la forme de la taxe du sel, est de 12 fr. par famille.

D'où, pour les cotes de 20 fr., il y aurait 2 francs de recharge, 12 fr. de décharge ; bénéfice de 10 fr.

Pour les cotes de 4o fr., il y aurait 4 fr. de recharge, 12 fr. de décharge ; bénéfice de 8 fr.

A la cote de 120 fr., la recharge étant de 12 fr. et la décharge de 12 fr., il y aurait balance.

A la cote de 24o. fr., le sacrifice serait de 12 fr. ; à la cote de 48o fr., il serait de 36 fr. ; à la cote de 96o fr., il serait de 84 fr.

Ecrits politiques et économiques de M. de la Gervaisais, 6 *volumes.* 12 *fr.*

Exposé de la ligne politique. 2 *fr.*

Résumé des vues économiques. 2 *fr.*

Chez MM. { PIHAN DE LA FOREST, RUE DES NOYERS, N° 37.
{ BOURGEOIS-MAYÉ, QUAI VOLTAIRE, N° 23.

A. PIHAN DE LA FOREST, IMPRIMEUR, RUE DES NOYERS, 37.

APPEL

AUX HOMMES LOYAUX ET SENSÉS.

RÉSEAU DE CHEMINS DE FER.

> Les députés et les électeurs veulent au nom du peuple..... Les électeurs sont la pensée du peuple pour les choix, comme les députés sont sa pensée pour les lois.
>
> (M. DE PASTORET, ventôse an V.)

> La souveraineté nationale n'a pas d'autre sens, sinon que les gouvernemens sont les premiers agens des volontés du peuple. Il dépend d'eux d'être de bons serviteurs.
>
> (M. LERMINIER, 1832.)

Le fait prolongé passe à titre de droit : l'usage invétéré est pris pour la justice. Il en coûterait trop pour remonter à la source; c'est chose plus aisée de se laisser aller au cours.

Ainsi en fait d'impôts, les rentrées qui s'opèrent depuis un certain temps et à pareil taux, qui s'effectuent sans peine et sans obstacle, paraissent être de sorte valide, bien qu'en leur essence et dans l'origine, un tout autre caractère leur appartienne.

Une telle méprise est d'autant plus naturelle, en ce que les contribuables mêmes, après s'être épuisés en plaintes douloureuses et en violens reproches, toute espérance s'évanouissant, se taisent de lassitude.

Ainsi, pour le fonds d'amortissement, la pensée ne se reporte nullement ni sur les élémens de la recette, ni sur le mode d'exercice : il semble que ce soit comme une au-

1

baine tombée du ciel, dont il y a seulement à chercher l'emploi le plus agréable, ou le plus profitable.

De là, en 1833, son emploi alors confiné et consacré ce semble au rachat de la dette, s'est vu travesti en un fonds de réserve, lequel, après une assez longue attente, a été admis à l'échange contre des valeurs fictives.

Puis les temps ont amené à appliquer ce trésor à la confection de divers travaux publics.

C'est en cet état des choses que s'ouvre l'année 1838, en laquelle, sans qu'aucune hésitation ait lieu, le débat se passe entre deux emplois du trésor; l'un à l'effet de faciliter l'œuvre du remboursement prétendu, et l'autre en la vue d'ouvrir de nouvelles voies de transport.

Un député émet une proposition dans le premier sens et le ministère, comme pour y porter opposition, présente un projet dans le second sens.

Dieu garde que l'idée naisse en aucun esprit de revenir sur les actes et faits antérieurs, de réfléchir si le débat n'aurait pas à être terminé d'une façon à la fois juste et utile, en cessant de percevoir les subsides dont provient la recette.

Vainement le plus simple bon sens indique que si aucun de ces deux emplois n'était à accomplir, faute de savoir que faire de leur produit, ces subsides seraient abolis.

Vainement aussi, il apprend que les subsides à être abolis en ce cas, seraient ceux-là même qui pèsent le plus sur le peuple, qui nuisent le plus au pays, d'où il suit que c'est en comparaison de cette sorte de subsides, qu'il faudrait apprécier, balancer le mérite de l'un de ces emplois.

D'après la proposition, non seulement le fonds d'amortissement doit être appliqué à l'œuvre du remboursement: mais encore l'opération étant achevée, ce fonds retournerait au rachat de la dette alors devenu possible, et demeurerait à jamais enchaîné à cette tâche; en sorte que toute espérance serait enlevée à l'égard de la suppression ou de la réduction de ces subsides.

Au moins le projet du cabinet, ne requiert qu'un emploi temporaire à un certain point, et seulement dont le terme est reculé jusqu'à l'époque, où avec le fonds de la réserve, on sera parvenu à acquitter la dépense d'un ou deux milliards, c'est-à-dire, dans 20 ou 40 ans.

A peine faut-il parler de la proposition du remboursement qui ne peut manquer d'avorter, non pas à cause de la grandeur des périls et de la petitesse des profits, mais bien en raison de l'attrait, de l'ascendant exercé par le projet tellement grandiose du gouvernement.

Certes l'exposé de ce projet est rédigé avec un talent d'autant plus remarquable, que la cause en elle-même était difficile à faire valoir.

Ce n'est pas sans un art prodigieux, que l'établissement général des chemins de fer a été présenté, à ce titre de donner une grande impulsion au mouvement civilisateur, de placer la France en des relations intimes, et ce semble en une position supérieure, vis-à-vis les autres peuples de l'Europe, et en seconde ligne, de poser la France comme intermédiaire, au moyen du transit, entre les provenances du commerce maritime, et les besoins du marché continental.

Même il a été ajouté, comme par surérogation, qu'au moyen d'un tel établissement, les armées seraient transportées comme en un clin d'œil, d'un pôle à l'autre du pays, et que la stratégie en éprouverait des changemens presqu'analogues à ceux que fit éprouver l'imprimerie à la littérature.

Or, tous ces résultats ne laissent pas que d'être fort hypothétiques, tandis que les moyens de les obtenir sont réels et positifs : peut-être le succès sera des plus brillans en un avenir plus ou moins lointain ; mais certes, jusque-là, le dommage ne manquera pas de porter un coup, de jour en jour, plus pénible à supporter.

L'hypothèse stratégique ne mérite pas une réfutation sérieuse, car les chemins de fer, de même que la poudre à canon, ne seront jamais que des moyens mis de même à la disposition des parties contendantes, sans procurer nul avantage ni à l'une ni à l'autre, et non sans aggraver encore les funestes scènes de la guerre.

De plus, pour que ces transports à vol d'oiseau fussent opérés, ce serait un point préalable de faire construire et tenir en réserve l'immensité de voitures à vapeur que commanderait une telle fin.

Alors se présente le système du transit, au sujet duquel le projet a décidé que Marseille était le seul port de la Méditerranée d'où les produits maritimes devaient et pouvaient être versés dans toute l'Europe; et sans parler de quelques autres points très susceptibles de controverse, le projet décide aussi que le Hâvre est le port de la mer du Nord en la plus belle position pour fournir également le continent, des mêmes provenances : ainsi faisant abstraction de Trieste, Venise et Gênes dans le midi, et dans le nord, d'Anvers, d'Amsterdam et d'Hambourg.

Encore, si la France conquérait le transit, à quel point le transit profiterait-il à la France?

Sans nier que les commerçans spéciaux y gagneraient quelques commissions, il faut se dire ce que le projet n'a pas dit, que les autres profits du transit sont atténués et presqu'anéantis par l'établissement même des chemins de fer, attendu que par l'effet de la vitesse des transports, les lieux de dépôt seraient d'autant plus éloignés, et qu'au moyen de la vapeur, il n'y aurait aucun emploi pour les chevaux et peu d'emploi pour les hommes.

D'ailleurs, à la veille de l'époque où les sucres indigènes vont remplacer en tout pays, les sucres du tropique, sauf la petite quantité des cafés, épices, etc., il ne reste à trausiter des rives de la mer à l'intérieur des terres, que les riz, dont l'Italie produit les trois quarts, et les cotons qui sont trop encombrans pour voyager par la vapeur.

Ceci s'applique aussi, du moins en quelque partie, aux communications intérieures par les chemins de fer, lesquels, suivant l'exposé, ne sont point appropriés, ni aux produits de faible valeur, en rapport du poids et du volume, ni aux produits peu ambitieux de parvenir à leur destination en 12 heures, plutôt qu'en 4 ou 5 jours.

De là, en mettant à part les vins et les huiles, peut-être les sels et les laines, les blés, alors que la différence des prix invite à leur transport, que reste-t-il à la disposition des chemins de fer?

A peine les draps épais, les toiles communes et les cotonnades grossières, se présenteraient dans cette catégorie : seulement les produits manufacturiers d'un certain prix, en soie, en fil, en coton et en laine viendraient s'offrir.

Ici il faut noter très particulièrement, que le prix du transport étant considérablement diminué, les grandes manufactures se trouveraient en état de le supporter en concurrence des autres, attendu que les frais de confection sont beaucoup moins hauts; de sorte qu'inondant la France de leurs produits, elles étoufferaient en tous lieux, sur leur passage, les petites et les moyennes fabriques.

Si le siècle est centralisateur sous le rapport politique, aussi il est monopoliseur sous le rapport économique : tous les moyens d'invention nouvelle tourneront à l'avantage des établissemens de haute importance, au détriment des plus faibles.

Le moment ne tardera pas où le nombre en étant fort réduit, une coalition s'établira entre les chefs, pour hausser indéfiniment les prix.

D'où surgirait ce double désastre, d'une part, qu'à la

ruine des métiers de ménage déja consommée, viendrait se joindre la ruine des fabriques de moyen ordre, et que les consommateurs de la ville et de la campagne, c'est-à-dire, la population entière, considérée sous ce point de vue, supporterait un éminent dommage, et d'autre part que dans les lieux proscrits, les ouvriers resteraient sans travail, tandis que dans les grandes manufactures, les ouvriers seraient de plus en plus exténués de fatigue et disposés à la révolte.

Un transit à peu près nul, un monopole de plus en plus dur, telles sont les chances certaines du projet gigantesque.

Sur le passage des lignes de chemins de fer, ou tout au plus à quelque distance, s'amoncéleront des établissemens industriels de toute sorte, et par suite s'anéantiront tous ceux déja existans et trop lointains.

Dans le cas où le mouvement aurait lieu, comme il est supposé, chacune des lignes, qu'il est convenu de dénommer une artère, méritera ce titre, du moins en ce qu'elle absorbera le sang vital des pays environnans.

Chacune d'entre elles s'encombrera de riches fabriques, de bâtisses particulières, se transformera en une sorte de rue. Comme il est présumé dans l'exposé, le Havre et Rouen deviendront les faubourgs de Paris ; Orléans, Lille et Lyon rentreront dans la banlieue industrielle de la grande ville.

De même que la banque du pays est concentrée dans Paris, de même aussi le commerce intérieur et extérieur s'y concentrera : le lieu du dépôt et de l'entrepôt de toutes les marchandises s'y fixera, comme y est déja fixé le siége de tous les mouvemens d'argent.

C'est à voir si le gouvernement se complaît à exagérer l'étendue, à exhausser la puissance d'une telle ville qui depuis cinquante ans a disposé mainte et mainte fois, sans le savoir, sans le vouloir, des destinées de la France.

Laissant cela de côté et saisissant la chose en grand, il est manifeste que la face du pays sera bouleversée par l'effet des déplacemens sans nombre qui là, s'effectueront en destructions et ici s'accompliront en constructions, d'où il s'ensuivra pour les particuliers, des pertes sèches, et pour la richesse publique, des faux frais énormes.

Puis il faut songer à l'émigration des ouvriers contraints à suivre les établissemens, et délaissant leurs familles au loin d'eux, ou les entraînant à leur suite.

La confection des chemins de fer dans leur extension proposée, présente ces caractères, d'être propice aux contrées tout-à-fait voisines, et nuisible aux contrées quelque peu éloignées, en même temps qu'elle est tout-à-fait indifférente et même étrangère aux immenses régions que ces chemins ne traversent pas.

Les fonds appliqués à cet emploi ne constituent ainsi qu'une dépense de localités, non sans occasioner ici et là, la ruine de toute industrie, non sans accumuler tous les profits du commerce dans Paris pour les deux tiers, et dans quelques autres villes pour le tiers restant.

De plus, les localités favorisées, se resserrent dans la portion orientale de la France, sauf la pointe sur Bordeaux et sur Toulouse qui n'inspire pas ce semble beaucoup d'attrait au gouvernement, et qui vraiment n'apporte que des chances minimes, même en faveur des contrées attenantes.

Or, cette zone orientale à prendre depuis Marseille par Orléans jusqu'au Havre, encore en exceptant la Franche-Comté laissée en dehors, n'excède pas un tiers de la France. Et cependant, chose inouie, ni les ministres, qui doivent saisir l'ensemble des intérêts du pays, ni les députés, qui devraient défendre les intérêts des deux tiers restant, ne paraissent concevoir aucun doute, éprouver aucun scrupule quant au paiement proportionnel des dépenses, entre la zone comblée de bienfaits, et l'immense étendue, soumise aux charges seulement.

Un seul mot est à dire : et c'est que le gouvernement, que la chambre dépasseraient leurs pouvoirs, par un acte de telle sorte ; et c'est qu'en point de droit, les peuplades sacrifiées, auraient à se refuser à l'acquit des frais.

Quant aux voyages des hommes, dont il paraît que l'exposé fait plus d'état, que du transport des marchandises, dans ses espérances sur la circulation des voitures à vapeur ; c'est une question qui n'a pas été débattue, et par conséquent n'est point résolue, de savoir à quel point le degré de vitesse pour les voyageurs, doit être avantageux : au sujet de quoi, en examinant combien de temps est perdu en plaisirs, ou même en ennuis, au pays de France, il y a lieu de présumer que cette vitesse n'aurait d'autre effet que d'ajouter un nouveau temps à perdre à celui qui est déja perdu.

Eh ! bon Dieu ! avant et plutôt que de donner une telle facilité à la communication des personnes entre elles, comment l'idée, depuis long-temps mise en avant, n'est-elle pas accueillie, de favoriser la communication par lettres, qui s'étendrait à la totalité du pays, et ne serait point restreinte à une fraction de la surface : ce qui s'accomplirait sans aucune peine et presque sans perte, en réduisant à moitié dans le rayon de 5o lieues, et au tiers, pour des distances plus éloignées, le port des lettres ; car leur nombre, doublé et triplé à ce moyen, fournirait au trésor à peu près les mêmes rentrées.

Jaloux de se donner un faux air de moralité, on a aboli la loterie, dont les suites fâcheuses dépendaient de la volonté, se renfermaient dans un petit cercle ; et la morale cette fois bien entendue, la morale alliée à la politique, n'a pas fait naître encore cette pensée, que le taux élevé des ports de lettres, arrête la communication entre les familles, entrave les relations du petit commerce, et sous ces deux rapports, institue, ainsi qu'il se rencontre en maints autres cas, une exception en faveur des classes aisées.

En tout, on veut du nouveau, du brillant, à l'effet de se faire de la gloire. On creuse des canaux, on forge des chemins, pour activer les voyages et les transports, sans songer qu'avec la dixième partie de la dépense, il serait possible d'établir et d'entretenir des routes aussi belles qu'en Angleterre, de sorte à élever d'un tiers le degré de vitesse et à baisser d'un tiers le prix du transport.

De même, on ne s'avise pas d'abolir la taxation sur les messageries, et d'aider par des faveurs, par des avances, la concurrence d'entreprises nouvelles.

On ne s'avise pas de réduire le tarif de la poste aux chevaux, au taux de l'Angleterre et de l'Italie, d'où il s'ensuivrait, à l'aide de l'amélioration des routes, un mouvement quintuple et décuple peut-être, qui devrait flatter l'ambition, tant il est honteux pour la France de rester à cet égard si fort en arrière des autres pays.

L'exposé se permet d'avouer que les canaux sont mieux appropriés à presque toutes les marchandises, et omet de mentionner le cours des fleuves, alors que pour les uns et pour les autres il y aurait à mettre au-dessus de tout, l'application des bateaux remorqueurs, dont l'invention est déja trop ancienne ce semble, pour qu'il y soit attaché quelque prix.

Et l'exposé ne parle en aucune façon de la voie de mer ou du cabotage, qui en dehors du sol, comme le système de remorque en dedans, viendra souvent en concurrence et même en préférence du transport par les chemins de fer : la mer est vieille aussi et les fleuves eux-mêmes sont vieux, si bien que le charme de la nouveauté ne s'y rencontre plus.

Cependant à l'égard des fleuves, la tâche la plus haute,

parce qu'elle est la plus naturelle, consisterait à les rendre navigables, autant qu'il y a moyen, et à défaut, à les couper et recoudre par des canaux, et au besoin à creuser un canal latéral à leur cours ; par suite de quoi, quelque spéculateur sans doute a eu le crédit de faire passer le canal latéral à la Garonne, pour unir deux villes dont les rapports sont faibles, tandis que l'impartialité a manqué de faire valoir le canal latéral à la Loire jusqu'à Blois et Tours, bien qu'il serait fort utile en temps de paix et tout-à-fait nécessaire en temps de guerre.

On ne propose pas d'abolir en entier le tarif sur la navigation intérieure, alors qu'il est affirmé que les péages sur les chemins de fer doivent être presque nuls, dans la crainte de s'opposer au transport des marchandises : sur lesquels points il y a contradiction en premier lieu, et en second lieu il y a erreur flagrante, quant à l'effet ; attendu que le taux des tarifs et des péages, est bien au-delà balancé par le bas prix des transports, et qu'en outre, sauf qu'il soit exorbitant, les mouvemens du commerce restent en la même proportion, sauf à se faire rembourser l'excédant des frais par la consommation.

On repousse sur les chemins de fer tout tarif un peu élevé, et on part de ce principe pour proclamer que le gouvernement est seul capable de leur exécution, lequel raisonnement est fondé sur la base la plus fausse. Le gouvernement en cette voie absurde aurait un nouveau pas, un grand pas à faire, en se chargeant aussi du coût des transports, si bien que les huiles de Marseille et les cafés du Hâvre seraient tenus au même prix à Paris.

Dans l'attente d'une telle imagination tout-à-fait analogue à celle qui domine maintenant, voilà en somme, que le commerce est dégagé des avances, que la consommation est déchargée du remboursement en fait du tarif des transports sur les chemins de fer, et par contre, que les contribuables sont grevés à jamais de l'intérêt des capitaux employés à cette œuvre ; sans parler des frais d'entretien qui viendront s'y adjoindre.

Remarquez ceci : les consommateurs privilégiés n'occupent qu'une petite partie de la France, en laquelle ils se confondent avec les contribuables, qui ainsi n'ont pas à se plaindre ; tandis que les contribuables pressurés par l'impôt, qui couvrent le reste de la France, n'étant nullement favorisés dans leur consommation, païent d'une part et ne recoivent point de l'autre.

De là, si c'est que le sentiment d'équité n'ait point à naître sous aucun rapport, du moins l'intérêt doit être sensible aux risques que le gouvernement se prépare inconsidérément.

Est-ce donc que la gêne et le dommage, que l'envie et la haine qui s'y marient au titre le plus légitime, ne vont pas s'irriter, s'insurger contre des actes d'une révoltante partialité, soit parmi les habitans tout-à-fait éloignés des chemins de fer et ceux dont les terres seront coupées et traversées, soit parmi les gens qui tiennent auberge, qui opèrent le roulage, et tant d'autres encore, froissés par les changemens, les déplacemens, en qui la colère ne manquera pas d'éclater à l'occasion.

On aura fait quelques heureux au moins en espérance ; on se sera fait quelques amis pour le moment au moins : les uns qui convoitent d'autant plus qu'ils jouissent, les autres qui exigent d'autant plus qu'ils ont reçu.

Dieu garde cependant qu'il soit lancé un anathème général contre les chemins de fer : tout au contraire il y a fort à blâmer le manque de caractère ou à plaindre le défaut d'intelligence dont le gouvernement a fait preuve, en rebutant l'offre d'une compagnie pour celui de Bruxelles, et en ne sollicitant pas quelqu'offre analogue pour celui de Londres.

C'est à l'égard de l'un et de l'autre que s'applique juste-

ment la chance tant prônée de civilisation réciproque et
que se réalise la précieuse certitude de la communication,
fréquente, de la vivacité des relations et de la sécurité des
liaisons avec deux états voisins, l'un qui est comme entré
en la famille française, l'autre qui, aux temps passés, fut à
juste titre l'ennemi de la France, et qui maintenant est
invité en toute façon à devenir son allié intime.

Sur ces voies, à peine y aurait-il quelques transports de
marchandises; mais il y aurait constamment une affluence
de voyageurs, l'Angleterre en totalité venant faire sa visite
à Paris, et la France en partie allant la lui rendre à
Londres.

Là même apparaît le signe de réprobation pour tous les
autres chemins de fer, car entre les pays étrangers, l'Allemagne est trop distante, l'Espagne est trop déserte, et
entre les villes de France, Strasbourg et Bordeaux, Marseille
et Lyon n'attirent pas de si loin, ne portent point
un intérêt marquant, ne présentent point un contraste
saillant.

Il faut le dire à ceux qui ne sont frappés que du mouvement précipité des commis voyageurs, qu'en dehors de
ces gens, le Français est casanier, sourd à la curiosité et
ladre quant aux dépenses, le Français est routinier, ne se
doutant pas de sa crasse ignorance, n'aspirant pas à l'ap-
prentissage de l'exemple.

Les citadins eux-mêmes sont marqués à ce triste type,
et plus encore les campagnards.

Sully disait que le roi doit s'occuper du grand nombre :
en ce lieu une telle vérité est d'autant plus transcendante
que le grand nombre n'a aucun profit à recueillir, et qu'en
retour, il a presque toute la charge à supporter.

Qu'on voie dans les champs de la France, couverts
qu'ils sont d'une population de 24 à 25 millions d'hommes,
même en y comprenant les propriétaires riches, s'il y perce

quelque tentation, s'il s'y opère quelque tentative pour
s'échapper du cercle étroit de naissance et de demeure, en
délaissant, désertant les mesquines occupations du jour,
du mois et de l'an.

Même l'espèce des mi-manans , mi-bourgeois , comme
dit Lafontaine, dévouée à exploiter, tantôt le paysan inhabile, comme en sorte de proie, tantôt la terre souvent in-
grate et jamais assez féconde à son gré, ne bouge de la mai-
sonnette, ou du moins ne voyage qu'à la vue du clocher.

Et cette espèce parasite, vivant du sang étranger, et la
race cultivatrice, vivant de ses propres sueurs, sont privées
de mouvement, sont enchaînées par la routine, n'ayant
que la vie de paroisse, que la patrie du marché.

A peine les révolutions de Paris et les détrônemens de
rois, et les bouleversemens de rapports, parviennent à leur
connaissance, après un temps assez long, et encore d'une
manière très vague, avec un effet presque nul.

Comment en serait-il autrement, alors qu'à tout changement quelconque, cette immensité d'êtres a seulement
à se dire , *me fera-t-on porter double bât , double
charge;* alors que l'état la tenant ce semble en dehors de
sa sphère, ne se met en relation avec elle, qu'à l'effet ou
de faire payer ou de faire tuer, suivant que dicte le bon
plaisir.

Qu'on classe donc à part, et les trois quarts de la nation attachés à la culture de la terre, et les trois quarts du
reste confinés en la boutique ou dans les ateliers, et les
trois quarts du surplus absorbés par les soins de l'état ou
du ménage, et les trois quarts de l'excédent dénués de
moyens intellectuels ou pécuniaires; et après une telle dé-
falcation, qui ne laisse en disponibilité qu'un cinquantième,
qu'un centième du peuple français, qu'on fabrique des
voies aériennes de transport, non sans remarquer, si l'ame
et le sens ne manquent à la fois, que les frais de la façon

auront à être acquittés par cette série consécutive des trois quarts.

Voilà pour les hommes et voici pour les choses.

Le commerce installé au rang prééminent, par cela même qu'aux sens obtus, qu'aux esprits distraits, le mouvement seul est doué de porter impression, dans la réalité, ne remplit que l'office de colporteur, n'exerce que le métier de porte-faix, guettant ici les produits et ailleurs les besoins, afin de transmettre ceux-là à la portée de ceux-ci.

Les produits d'abord, les transports ensuite, tel est l'ordre irréfragable de la nature, que vainement on tente de subvertir, en créant à l'avance les voies de circulation, dans l'idée qu'elles enfanteront une production supérieure.

En cette imagination, il y aurait du vrai, si quant aux produits appliqués à l'entretien de la vie, qui comprennent plus des neuf dixièmes de la totalité, chaque contrée du climat assez égal et du sol peu différent de la France, ne portait pas l'équivalent de ses besoins spéciaux, de sorte à stimuler alors les transports de l'une à l'autre, ou encore si dans ces produits les prix ne se tenaient pas généralement au niveau, de sorte alors à bénéficier de lieu en lieu, par leur débit.

Le fait répond assez. Seulement les vins et les huiles sont particuliers à telle et telle région ; et sans dire que le transport accéléré leur causerait probablement un préjudice notable, les vins sont remplacés partout, au moins pour le peuple, par le cidre et la bière, et les huiles d'olivier ont en concurrence celles de noyer, de hêtre, etc., tellement qu'à ces deux égards, la consommation lointaine est extrêmement restreinte.

Qu'on abandonne donc la manie d'invention des transports pendant un certain temps, et qu'on s'adonne au préalable à l'œuvre de création des produits.

Qu'on féconde la matrice et qu'on mène son fruit à terme, avant de tenter à grand'peine, à grand'perte, de l'extraire des flancs où à peine il est conçu, où tout au moins il n'est pas parvenu à point.

A cet égard, les moyens abondent et ont été vainement exposés, trop simples et trop justes qu'ils sont, pour n'être pas rebutés par la vanité et réprouvés par la cupidité.

La parole dite et redite est ceci :

Que le labourage et le pâturage sont les mamelles de la France, ainsi que s'exprimait Sully ;

Que l'Etat doit engraisser la terre, et que la terre doit allaiter le pays ;

Que la terre porte les trois quarts de la population et jette les neuf dixièmes de la production ;

Qu'il y a d'abord à augmenter la masse des produits bruts, puis à prélever sur la somme du revenu net ;

Que l'impôt foncier n'affecte nullement l'intérêt agricole ou du cultivateur, et n'atteint que l'intérêt territorial ou du propriétaire ;

Que l'impôt foncier n'entraîne point de faux frais, n'occasione point la fraude comme les taxes indirectes ;

Qu'en France, la terre n'est pas aussi grevée qu'en Angleterre, où la dîme et la taxe des pauvres sont acquittées par elle ;

Que le rétablissement de l'impôt au taux antérieur à 1820 serait facile à supporter, à raison de l'accroissement des fruits;

Que l'acquit de cette recharge s'opérerait au simple titre d'avances, bientôt couvertes par l'augmentation des produits et l'abaissement des salaires;

Qu'ainsi l'excédent ou le revenu n'aurait qu'à débourser, et que le nécessaire ou le prix du travail aurait à rembourser;

Qu'en outre la recharge imposée pourrait être largement compensée au moyen des avantages concédés à l'agriculture ;

Que l'entrée libre des fers étrangers apporterait une épargne notable dans les dépenses du cultivateur ;

Qu'un droit plus élevé sur les cotons, favoriserait la naissance des produits en lin et en laine ;

Que l'abolition de la taxe du sel offrirait des sources multiples de richesses, quant à l'engrais des terres et l'élève des bestiaux ;

Que d'ailleurs pour les petites cotes, dont le paiement est si lourd à la malaisance, cette abolition porterait un bénéfice progressif en raison de leur taux inférieur ;

Qu'il n'existe d'autre obstacle à ce plan que la crainte d'aliéner l'esprit ou d'accroître le nombre des électeurs ;

Qu'en cédant à cette indigne exigence, le système représentatif manifesterait son vice radical et précipiterait le terme de sa ruine finale ;

Et que la forme ancienne étant mise au néant, si la forme rivale allait cesser d'être, alors s'ouvrirait l'ère effroyable de subversion de tous les rapports, de dissolution de la société.

Toutes choses qui ont été longuement déduites et largement développées dans plusieurs écrits et notamment dans celui intitulé *le Ministre*, en date de 1826.

Appel aux hommes loyaux et sensés. Brochure de sept feuilles. 1 fr. 50 cent.

Chez MM. { PIHAN DE LA FOREST, RUE DES NOYERS
{ BOURGEOIS-MAZÉ, QUAI VOLTAIRE, N°

A. PIHAN DE LA FOREST, IMPR., RUE DES NOYERS, N° 37.